나는 위험한 상상을 한다

나는 위험한 상상을 한다

박보라 수필집

수필과비평사

| 작가의 말 |

레이우엔훅은 빗방울을 현미경으로 관찰하다가
눈으로 볼 수 없던 생명체, 미생물을 발견했습니다.
상상想像은 보이지 않으나 생명을 가진 것들을
발견하는 일입니다.
그렇게 발견한 것들을 하나 둘씩 모아
글로 썼고, 책을 냅니다.

제 상상력의 원천인 모든 분과
이 책을 나눕니다.

2021년 겨울
박보라

| **차례** |

킬로 가家의 몰락

옥수수 가루 위의 참새

벚꽃 바이러스

불편한 노래

빛 혹은 그림자

유턴해서 좌회전

•
•
•

아차! 하면 이미 넘어간 후다. 잠시 다른 생각을 하다 우회전하지 못하고 길을 지나쳐 버렸다. 재빨리 시계를 봤다. 7시가 15분이나 남았지만, 갑자기 길가의 차들이 모두 내 주위로만 몰려드는 것 같았다. 디지털시계의 시와 분 사이, 세로로 놓인 두 점은 당황한 듯 빠르게 눈을 깜빡이기 시작했다. 분명 계기판 속도는 45마일이 맞는데 이상하게도 바깥 풍경은 스쿨 타임처럼 20마일로 늘어졌다. 핸들에 놓인 열 개의 손가락이 짧게 스타카토 몇 번을 치더니 이내 기법을 바꿔 현란한 트릴을 선보였다.

길을 돌아가기 위해 미어캣처럼 목을 기다랗게 늘여 사방을 둘러봤다. 하지만 중앙분리대의 머리와 꼬리는 전혀 나타날 기미가 보이질 않았다. 눈앞에서 도로 표지판 숫자가 고공행진을 하며 바람에 날아가듯 지나갔다. 가속페달을 밟는 발에도 힘이 더해졌다. 그러는 사이, 내게 주어진 시간은 순식간에 10분으로 줄어들었다.

드디어 눈앞에 유턴 표지판이 떴다. 그제야 손가락의 트릴 연주가 멈추고, 기다랗게 늘였던 목도 제자리로 돌아갔다. 바깥 풍경도 45마일로 달렸다. 시계 속 두 점도 숨을 골랐다. 그리고 부드럽게 핸들을 돌려 유턴을 하고 나니 도로 표지판 숫자가 다시 차분히 내려앉았다. 이제 다음에 나올 큰 사거리에서 좌회전 한 번만 하면 되었다.

그런데 저 멀리 경찰차가 요란한 빛을 내며 길을 막고 서 있었다. 큰 트럭에서 떨어진 목재로 인해 여러 대의 차가 부딪쳐 큰 사고가 난 것이었다. 차들이 아직 정리되지 않은 거로 보아 사고가 난 지 얼마 되지 않은 것 같았다. 어쩔 수 없이 경찰이 지시하는 대로 차를 돌렸다. 가뜩이나 급한데 또 돌아가야 한다니. 다시 손가락이 트릴 연주를 시작했다.

그때, 휴대전화에 딸의 이름이 떴다.

"엄마 어디야? 나 끝났어."

"미안. 여기 큰 사고가 나서 좀 늦어. 금방 갈게."

이미 7시를 지났다. 시계의 두 점이 느리게 깜빡이다 이내 멈췄다. 세상이 태곳적으로 돌아간 듯 조용해졌다. 원래

부터 나 혼자인 공간처럼 주변이 다 사라지고 없었다. 시간이 거꾸로 흘러 사고 전의 장면으로 옮겨갔다. 사고 차량도 제 궤도를 찾아 돌아가고 떨어진 목재들은 다시 트럭에 실렸다. 그리고 잠시 후, 돌려감기 된 시간 속에서 내 차가 우회전할 기회를 놓치고 지나쳤다. 사고 시간과 간발의 차이였다.

아무런 문제 없이 단번에 성공하는 인생을 꿈꿨다. 완벽하게 한 치 오차도 없이 움직여 최단 거리로 목표 지점에 도착하는 걸 가장 이상적이라 생각했다. 실수하면 그만큼 늦어지고, 돌아가는 것도 힘들기 때문이다. 하지만 길을 놓치는 실수가, 그래서 조금 늦어지는 인생이 꼭 나쁜 것만은 아니다. 유턴해서 좌회전하는 것과 처음부터 우회전하는 건 보는 방향이 다를 뿐 궁극적으로는 같다.

30분이나 늦게 목적지에 도착했다. 급히 차 안으로 들어온 딸의 점퍼에서 빗방울이 튀었다. 그리고 쉴 새 없는 다박이 이어졌다. 하지만 그런 딸의 상기된 얼굴이 오늘따라 더 예뻐 보였다. 하마터면 다시 못 봤을 사랑하는 이의 얼굴이었다.

집으로 돌아가는 길에 딸이 내게 늦은 벌로 버블티를 사내라고 했다. 그런데 입을 삐죽이는 딸의 옆모습을 훔쳐보다가 또 길을 놓쳤다.

아차! 하면 이미 넘어간 후다. 하지만 오늘은 왠지 유턴해서 다시 좌회전하고 싶은 날이다. 느리게 가고 싶은 날이다. 그래서라도 더 오래 보고 싶은 딸의 얼굴이다.

불구경

•
•
•

불이다. 분명 타고 있지만 재는 날리지 않는 가을 불이다. 오히려 청명하여 가시거리가 먼 날, 차갑게 이글거리는 불이다. 굽은 길 따라 옮겨붙은 불길은 심지서부터 푸르다가 노랗다가 빨개진다.

그 길 한쪽에 어색하게 여문 열 쌍의 아이들이 두 줄로 서 있다. 중학생 때의 떫은맛은 사라지고, 이젠 제법 성인成人의 날리는 머리카락 끝에 닿아있다. 그저 크기와 부피만 키우던 뜨거운 여름하고는 사뭇 다르다. 여물어 간다. 옅은 살구색 파우더로 가린 이마마다 붉게 익은 잔 열매들이 옹송그리며 모여있다. 서로의 팔목과 가슴에 꽃을 달아주는 표정엔 단풍빛이 번져간다. 여자 파트너의 어깨에 손을 얹은 남자아이들의 손이 밤잠 자는 사랑초처럼 오므라든다. 그 주위에서 예닐곱 대의 카메라가 이 풍경을 담아내느라 바쁘게 셔터 소리를 낸다. 첫 홈커밍 파티여서인지 부모들도 설레긴 마찬가지다.

너희는 화장 같은 거 안 해도 예뻐. 이마에 꿀밤을 먹이시던 선생님의 말씀이 무슨 뜻인지 이해하지 못했던 그때. 교복을 입고 친구들과 재잘대며 걸어가는 내가 보인다. 어른 흉내 내며 몰래 한 눈화장이 참 어색하기만 하다. 말도 안 되는 연애소설을 써 돌리며 친구들을 대리만족시키던 나의 익어가는 볼이 그 계절의 색과 닮았다. 그렇게 한 시절을 태운 바람 한 자락이 날리자, 빨갛게 타다 만 가을 하나가 바스락거리며 남색 치마를 스친다.

우편물을 가지러 나온 노부부도 이 아름다운 불구경에 합류한다. 당신들의 때를 기억하냐 물으니 그들은 자신들의 타올랐던 한 시절을 회상하며 황홀경에 빠진다. 한 시간 넘게 공들인 머리는 남학생의 설레는 마음을 대변하고 있다. 꽃다발을 들고 찾아간 그녀의 집 앞. 그리고 드디어 문을 열고 나오던 그녀는 정말 아름다웠다. 잠깐, 그랬던가? 아름다웠던가? 가물거리는 기억은 원래 그 몸체를 더욱 아름답게 포장하는 법이다. 그들 역시 50년 전엔 저렇게 길과 함께 익어가고 있었을까. 집으로 들어가는 할머니의 구두

코에 다 타 버린 가을들이 버석버석 발길을 잡는다.

너무 뜨겁게 자신을 불태워 이제는 다 말라버린 것들이 마지막 인사로 손을 흔들며 바닥으로 추락한다. 하지만 어떤 것들은 아직 젊음에 살랑대는 손끝이라도 잡고 싶은 건지 아이들의 발끝에, 어깨 위에, 머리카락에 내려앉는다. 그래서 아이들의 턱시도와 드레스에 불꽃 같은 손바닥 무늬를 남겨 자신도 함께 카메라에 담긴다.

이제는 부엽토로 남아 아이들에게 영양분을 대야 할 때다. 그것이 지나가는 세대가 할 몫이라는 걸 길가에 열 맞춰 서 있는 현자들이 온몸을 털어 본을 보인다. 그들은 우리보다 더 오래 그곳에 남아 백년 후에도, 천년 후에도 그 숭고한 열기에 아름답게 익어가는 아이들을 내려다볼 것이다.

노을이 찾아오는 시간. 차가운 바람에 더 뜨겁게 온몸을 사르는 가을 길을 따라 점점 사라져 가는 아이들의 뒷모습을 보고 서 있다.

낙엽 밟는 소리가 참 좋다. 단풍에 데어 죽겠다.

물러선 그림자

창밖 바다 위로 해가 지려 한다. 늦은 외출 준비를 하려는데 오늘따라 얼굴이 푸석하다. 며칠째 잠을 설쳐서 그런 거로 생각했다. 집을 나섰다. 그리고 정체 모를 마음에 음악을 틀었다. 아무 세션 없이 기타 선율만 차 안을 가득 채웠다. 내 귀는 여러 차례 들어 익숙한 그 소리에 여전히 적응하지 못하고 있다. 들을 때마다 매번 새롭게 슬퍼지는 중이다. 이렇듯, 익숙했던 사람을 잃는 건 반복할수록 더 낯설다.

바다로 향했다. 해가 지는 걸 볼 것이다. 서쪽 바다는 정확한 경계를 긋지 않고 모호하게 물든다. 해변을 걸을 계획까진 없었는데 어쩌다 보니 나도 모르게 걷고 있다. 그것도 풍경에 빠져서 그런 거라고 스스로 우겨댔다. 준비가 전혀 되지 않은 발엔 검은색 구두가 신겨져 있다. 걸으면 걸을수록 구두가 자꾸 모래 속으로 푹푹 빠졌다. 그때, 휴대전화로 사진 한 장이 도착했다. 한국에서 온 것이었다. 할머니의 사진. 분명 모래를 먹은 건 구두인데 괜히 내 목구멍이 껄끄러워졌다.

알고 있다. 모든 길 끝에서 우린 누구나 헤어져야 한다는 걸. 하지만 내 시간 어딘가에서 함께 걸었던 사람의 마지막 모습을 보는 건 언제나 망설여진다. 떠나는 사람의 마지막 모습은 어쩌면 그렇게 하나같이 똑같은지. 물기 하나 남아 있지 않은 얼굴엔 볼이 움푹 팼다. 손과 발은 가지런히 모여 있다. 두 눈은 자는 것처럼 평온히 감겨 있다.

마지막으로 가고 싶은 데 있어요? 딱 한 군데 있기는 해. 미국 손녀네. 하지만 결국 건강상의 이유로 그 꿈을 이룰 순 없었다. 그건 주변인들의 걱정이었고, 결정이었다. 가만 생각해 보니, 몇 년 전에도 비슷한 일이 있었다. 할아버지가 돌아가시기 며칠 전이었다. 마지막으로 보고 싶은 사람이 있어요? 우리 맏손녀. 그나마 화상채팅이 있어 할아버지의 그 꿈은 이룰 수 있었다. 할아버지께선 화면 속의 나를 보자마자 아무 말 없이 꺽꺽 소리를 내며 우셨다. 궁금했다. 왜 나였을까? 그저 멀리 떨어져 있어서 그리우셨던 걸까? 아니면 아들만 위하셨던 마음이 생의 마지막에 와서야 괜히 미안해지신 걸까?

모르는 소리 마라. 널 얼마나 예뻐하셨는데. 네가 맏손주잖니. 하지만 여전히 날 예뻐하신 이유가 그저 아래로 남동생을 보게 해 주어서라는 어른들 말이 떠올라 건던 길의 반대쪽으로 발길을 돌려 잡는다. 다 인사 왔다 갔는데 너만 못 왔어. 그런데 아직도 저렇게 못 가시는 걸 보면 혹시 널 기다리시는 게 아닌가 싶다. 걸음이 뚝 끊긴다. 어정쩡하게 선 마음이 이쪽으로도, 저쪽으로도 움직이지 못한다. 그렇게 한참 동안 검은 구두를 신고 땅에 붙박여 있었다. 모래가 발가락 사이마다 파고든다. 불편하다.

독(Dock)에 걸터앉았다. 그리고 모래가 들어간 구두 한 짝을 벗어서 털었다. 그런데 힘없이 손에 미끄러져 구두 한 짝이 그만 물위로 떨어져 버렸다. 그건 물결을 타고 점점 더 내게서 멀어져 갔다. 울었다. 그리고 구두 때문이라고 탓했다.

지는 해를 마주하고 앉았다. 그러자 그림자가 내 등 뒤로 조용히 물러섰다. 돌아보진 않았지만, 그림자 안에서 할머니와 난 손을 잡고, 서로 마주보고 있을 것이다. 그 표정이 궁금하다. 하지만 그림자에는 표정이 없다. 이젠 물위의 해가 붉은 머리끝만 겨우 보인다.

홀로 돌아가는 길에 짝 잃은 오른발이 어떻게 디뎌도 아프기만 했다. 온몸이 오그라들었다. 그래서 그 자리에 웅크려 앉았다. 이제 황혼의 시간은 끝났다. 주변은 어둑해졌고 사람들은 모두 집으로 돌아갔다.

아버지는 예순다섯 살에 고아가 되셨다. 오늘은 내 할머니께서 돌아가신 날이다.

모서리에 앉아서

모서리에 앉았다. 정확히는 그곳에 있던 1인용 소파에 앉았다. 원래 방안에 있던 걸 공간이 좁다는 이유로 거실에 내다 놓았다. 그런데 제자리에서 다른 곳으로 옮겨진 소파를 보니 그저 한번 앉아보고 싶었다. 그것은 꽃무늬가 과하고 색도 화려해 앉기보다는 늘 바라보기만 했던 소파였다. 하지만 막상 앉아보니 다소 엉덩이도 딱딱하고 등받이가 직각으로 세워져 있어 불편하기만 했다. 그런데 은연히 그것 말고도 왠지 모를 불편함과 낯선 느낌이 들었다.

완전히 달라진 나의 시각. 수년을 이 집에 살며 익숙해진 공간이었다. 하지만 항상 긴 소파가 놓인 벽면에 앉거나 건너편 피아노 의자에 앉거나 또 다른 모서리에 놓인 마사지

의자에 앉는 게 보통이었다. 그러나 지금의 나는 전혀 앉아 보지 못했던 모서리에 앉아있다.

좌식 생활에선 바닥이라면 아무데나 앉을 수 있었다. 그래서인지 45도, 90도 혹은 127도 같은 애매한 각도에서조차 배경을 바라볼 수 있었다. 또한 무릎을 꿇거나 드러눕는다면 위아래 각도 조절도 가능했다. 어느 각도에서도 낯설다는 느낌이 들지 않았던 이유다. 하지만 요즘 난 앉는 곳이 늘 정해져 있다. 거실 소파, 식탁 의자, 마사지 의자, 피아노 의자, 책상 의자 정도다. 그리고 그것들은 내 시각의 한계선을 제멋대로 그어 버린다. 의자가 놓인 곳이 어디냐에 따라 내가 볼 수 있는 배경이 정해지기 때문이다.

나는 짧은 한숨, 가로젓는 고개, 한심하다는 듯 멀리 가져가는 눈빛 그리고 거기에 한마디를 더 추가해 내뱉는다.

정말 이해할 수 없어.

내가 보는 세상은 항상 이해할 수 없는 것투성이었다. 엄마의 손거스러미도 그랬다. 추운 겨울이 되면 엄마의 손끝엔 말린 북어포처럼 가시 같은 게 돋았다. 워낙 건조한 손이 히터의 훈풍과 만나 문제를 일으킨 것이다. 그것은 심지어 마른 땅처럼 일부가 갈라지고 벗겨져 피가 날 때도 있었다. 그런 엄마에게 약을 바르라는 둥, 반창고를 붙이면 되지 않냐는 둥 늘 바른 소리만 던지던 나였다. 하지만 몇 년 전부터 내 손끝에도 손거스러미가 돋았다. 아무리 약을 발라도 잘 낫지 않고 반창고를 붙여도 손끝이라 그런지 잘 붙어 있지도 않아 금세 떨어져 버렸다. 그뿐이랴. 잠잘 땐 이불에 거스러미가 스치기만 해도 악 소리를 내며 벌떡 일어나곤 했다. 드디어 나도 엄마의 모서리에 앉은 것이다.

이제 나는 긴 한숨, 끄덕이는 고개, 깨달았다는 듯 내리까는 눈빛 그리고 거기에 한마디를 더 추가해 내뱉는다. 이젠 이해가 되네.

혹시 이런 좁은 시각으로 살아가는 동안 마음마저 편협해진 건 아닐까. 무릎을 구부렸다. 큰아이 키로 걸어봤다. 벽에 걸린 거울에 얼굴이 반쯤 잘려 보였다. 무릎을 더 구부렸다. 둘째 아이 키로도 걸어봤다. 책꽂이 맨 위 칸에 무슨 책이 있는지 잘 보이지 않았다. 아예 무릎을 바닥에 대고 걸어봤다. 막내아이의 시선에 맞추자 소파 팔걸이 사이에 끼어 있는 볼펜이 눈에 띄었다. 그것은 내가 보는 것과 전혀 다른 세상이었다. 나이가 들고 성장하며 나도 분명 봤을 그 세상이 내 기억 속에서 점점 잊혀 가고 있다. 그래서 이해보다 언성을 먼저 높이게 된다. 내가 있는 위치에서만 보려 하기 때문이다. 내가 보고 있는 세상만을 믿기 때문이다.

자폐아의 눈으로 보는 세상은 오감을 예민하게 건드려 두려움을 주는 세상이다. 크게 다가오는 화면, 확성된 소리,

자극적인 냄새. 그래서 그들은 그 고통을 견디다 못해 소리를 지르고, 팔을 휘젓는다. 조현증 환자의 눈으로 보는 세상은 모든 것이 난센스다. 보이는 것도 들리는 것도 느껴지는 것도 모두 진실이 아니다. 때로는 보이지 않는 누군가가 자기에게 말을 걸기도 하고, 멀쩡한 하늘에서 고양이가 떨어지기도 한다. 하지만 그 거짓된 세상이 그들에겐 모두 진실이 된다. 우리는 얼마나 많은 시각에서 세상을 보고 있을까. 또한 타인의 눈으로 본다면 얼마나 다른 세상이 보일까. 그래서 그들의 진실에 더 가까이 다가갈 수 있을까.

소파에 앉아서 가만히 거실을 둘러본다. 평소엔 잘 보이지 않았던 긴 소파의 왼쪽 면이 아주 잘 보인다. 벽난로 뒤에 숨어 있던 선인장도 내가 물을 주지 않아 말라 죽어가고 있다.

마침 문을 열고 들어오는 아이를 평소와는 다른 방향에서 본다. 그리고 어깨가 축 처져 들어온 아이에게 어깨 좀 펴라 잔소리를 하려다 잠시 멈춘다. 이젠 나의 모서리에서 일어나야 할 시간이다. 그리고 오늘은 아이의 모서리에 한번 앉아봐야겠다.

하모니

•
•
•

마치 계모 같았다. 딸의 밴드 콘서트에 전혀 기대감이 들지 않았다. 현악기의 능숙지 못해 끽끽 현을 긋는 소리도 듣기 힘들지만, 관악기의 픽픽 바람 빠지는 소리도 여간 귀에 거슬리는 것이 아니다. 그나마 고등학생 정도는 돼야 진심으로 손뼉 쳐 줄 만하다. 남들은 아이가 못 해도 그저 기특하고, 대견스럽다는데 너무나 객관적인 귀를 가진 탓일까. 난 의무감으로 강당에 들어섰다.

겨우 시간만 맞추어 들어가서인지 자리가 마땅치 않았다. 멀찌감치 않아 딸 뒤통수만 쳐다보게 됐다. 할머니는 손녀딸 뒤통수라도 카메라에 담아보려 애썼지만 난 언제나 그렇듯 귀는 대충 열어두고 눈은 순서지에 가 있었다. 예상

대로 학년마다 세 곡씩 그리고 마지막엔 재즈 밴드가 추가로 세 곡을 더 연주할 예정이었다. 첫 곡이 끝났을 때, 뒤에 앉은 미국인 아빠가 몇 개월 만에 저 정도로 맞추었다니, 정말 대단하다고 말했다. 그리고 그는 두 번째 곡이 끝나자 정말 아름다운 하모니라며 감탄했다.

그제야 순서지에서 눈을 들었다. 아이들이 앉은 뒤쪽 벽이 알록달록했다. 자세히 보니 학생들의 모국 국기였다. 내 친김에 숫자를 세어봤다. 예순여덟 개의 국가와 관련된 학생들 이름이 적혀있었다. 미국에 살게 되면서 수많은 나라 사람을 보는 게 자연스러워졌다. 한국은 이제 겨우 다문화에 대한 정책을 내고 국민 인식을 바꿔 가려는 중이다. 하지만 미국은 이민자의 나라답게 전 세계 사람이 함께 어우러져 살아간다. 첫 영어 교과서에서 인사말을 배울 때 "Where are you from?"이라는 문장을 배우는데 지금 생각해 보면 참으로 이상하다. 한국의 1학년 국어 교과서에서도 인사말을 가르치지만, 거기엔 이런 문장이 없다. 한국은 오래도록 한민족을 강조하며 살아왔고, 그것이 주는 유대감에 자부심을 느끼기도 했다.

조화, 화합. 아이들 얼굴을 차례로 훑어봤다. 다양한 나라 분위기가 저마다의 얼굴 속에 담겨 있었다. 하지만 그들은 학교에서 모두 친구로 하모니를 이룬다.

8학년의 연주도 끝나가고 있었다. 지휘자는 낭만적인 밤을 만들어 주겠노라 너스레를 떨며 월트 디즈니의 〈미녀와 야수〉 주제곡을 연주했다. 처음으로 아이들 연주가 봄볕처럼 내려앉았다.

화음, 화성. 총 열세 개의 악기가 무엇 하나 튀어 오르지 않고 잘 배합되어 있다. 낮은 소리의 호른과 바리톤 색소폰이 뼈대를 만들어 주면 높은 소리의 플루트와 트럼펫이 전체 이야기를 이끌어간다. 거기에 타악기가 청중의 마음을 두드리면 음악의 재미가 더해진다. 음도 제각각이다. 모든 악기는 같은 음을 내지 않는다. 저마다 자기에게 주어진 음역에서 다른 음을 내고 있지만, 그것은 적절히 뭉쳐져 한 덩어리로 완성된다.

나와는 다른 이들과 어우러져 살아가는 것을 배우는 과정이다. 우리 아이가 꼭 독주해야 하는 게 아니라 뾰족하게 튀어나오지 않고 공동체 안에 조화로이 스며드는 거다. 그 결과 처음엔 자기 소리만 낼 줄 알던 악기는 주위 소리에 점차 맞춰간다. 박자 역시 혼자 달려가지 않는다. 이기적인 소리가 서로를 배려하며 드디어 하모니를 이룬다.

지친 하루를 마치고 돌아올 때면 위로가 되는 풍경이 있다. 잔잔한 바다 위, 해가 내려앉는다. 낮엔 분명 빨강과 파랑이 강렬히 맞서 있었건만 이 시간만큼은 온전히 서로에게 스며드는 중이다. 둘 사이에 주황과 노랑도 끼어있다. 그 언저리엔 초록과 보라도 보인다. 그리고 창조주의 붓이 지나는 자리마다 이 모든 색은 하나로 어우러져 아름다운 그림을 완성한다. 그 순간 산책하던 사람들은 잠시 발걸음을 멈추고 카메라 셔터를 누른다.

아직 서툰 아이들 연주에 이젠 손뼉을 치게 된다. 하모니를 배워가는 과정이므로 기특하고, 대견스럽다. 저마다 다른 생김새의 사람들 속에서 딸이 엄마와 할머니를 부른다. 그런데 그 소리가 오늘은 유달리 엄마! Harmony!로 들리는 것은 왜일까. 달려오는 딸을 보고 있자니, 한 뼘은 더 자란 것 같다.

빛 혹은 그림자

•
•
•

나는 에드워드 호퍼의 그림을 좋아한다. 왜냐하면 그의 그림은 이야기를 담고 있기 때문이다. 이야기라면 맹목적으로 끌리는 내게 그보다 더 매력적인 이유는 없다. 처음 그의 그림을 접했을 때, 마치 소설 삽화 같다고 생각했을 정도였으니까. 어두운 밤, 문 앞에 서 있는 여자와 남자는 무슨 이야기를 하고 있을까. 야외 테이블에 앉아 있는 피에로는 왜 저런 차림으로 있는 걸까. 여자의 손에 쥐어진 쪽지엔 무슨 내용이 적혀 있을까. 이런 호기심들이 그냥 지나치려던 내 어깨를 턱 잡는다.

나와 같은 사람이 한 명 더 있다. 미국의 추리소설 작가인 로런스 블록은 아주 재미난 시도를 했다. 호퍼의 그림을 소재로 한 단편 소설집을 낸 것이다. 그렇다고 그의 개인 단편집은 아니다. 스티븐 킹을 비롯한 17명의 작가들이 함께한 작업이다. 방법은 이렇다. 작가들에게 호퍼의 그림을 한 점씩 겹치지 않게 선택하게 한다. 그리고 그것을 소재로 단편 소설을 하나씩 써 보게 하는 것이다.

그렇게 묶여 나온 책이 〈빛 혹은 그림자〉다. 호퍼의 그림을 정확히 표현한 제목이다. 그것들은 온통 빛과 그림자로 대비를 이룬다. 그래서 강렬하다. 조명과 햇빛으로 더 강한 빛을, 그리고 그 빛과 물체가 이루는 그림자를 캔버스에 균형 있게 표현한다. 그런데 왜 〈빛과 그림자〉가 아닌 〈빛 혹은 그림자〉였을까. 그건 매 순간 빛 혹은 그림자 안에서 살아가는 우리의 삶 때문일 것이다. 빛과 그림자 모두를 갖는 게 아니라 둘 중 하나를 골라야 하는 인생의 선택지. 그것이 호퍼가 표현하고 싶었던 시간의 양면성이 아니었을까.

그 양면성엔 비밀이 하나 숨어 있다. 그걸 알려면 내가 둘 중 어느 쪽에 들어가 있는지 확인해야 한다. 만약 빛 안에 들어가 있다면 그림자 안에 들어가 있는 사람을 쉽게 볼 수 없다. 하지만 반대로 그림자 안에 들어가 있다면 빛 안에 들어가 있는 사람을 쉽게 볼 수 있다. 선팅되어 있는 차를 생각해 보면 이해가 쉽다. 바깥에서 차 안을 보면 조도가 낮아진 차 안이 잘 안 보이고, 차 안에서는 조도가 높은 바깥이 잘 보인다.

내가 가장 어두운 그림자에 들어가 있었던 시간은 2009년이었다. 미국을 뒤흔든 경제 위기 속에 깡통주택이 된 첫 집이 그들이 말하는 거품과 함께 사라졌다. 그것 하나만으로도 견디기 힘들었는데 심지어 사업체마저 허망하게 날아가 버렸다. 조물주 위에 건물주라더니. 건물주는 큰 프렌차이즈 마켓과 계약하기 위해 건물이 통째로 필요했고, 그로 인해 우리를 비롯한 몇 개의 사업체들은 재계약을 하지 못하고 거리로 쫓겨나고 말았다. 우리 부부의 전 재산을 날린 셈이었다. 집이 숏세일로 넘어가 작은 타운하우스로 급하게 이사했다. 그리고 3주 후에 셋째 아이를 낳았다.

주변을 둘러봤다. 평소엔 잘 보이지 않던 사람들이 내 눈에 선명하게 들어왔다. 번듯한 자기 집으로 식사 초대를 하는 사람들, 잘되는 사업체를 가진 사람들, 아이들을 다 키우고 여유롭게 취미 생활을 즐기는 사람들. 그들은 환한 빛 속에서 그 빛보다 더 환한 미소를 짓고 있었다. 나 자신이 마치 성냥팔이 소녀가 된 것 같았다. 추운 밤, 난 바깥에서 오들오들 떨고 있는데 창문으로 들여다본 그들의 집엔 넉넉한 식탁 위 음식들과 따뜻한 벽난로, 선물이 가득 놓인 크리스마스트리가 있었다. 그들 눈엔 내가 보이지 않는 것 같았다. 왜냐하면 난 어두운 밤, 그림자 속에 서 있었기 때문이었다. 내겐 세 개의 성냥개비조차 없는 것 같았다. 성냥개비라도 있었다면 잠깐씩이지만 빛에 들어갈 수도 있었을 텐데. 금방 사라질 꿈마저도 허락되지 않은 시간이었다.

대부분의 사람은 빛에 들어가 있을 때, 그림자를 잘 돌아보지 않는다. 빛을 보고 서 있으면 뒤에 생긴 그림자를 볼 수 없기 때문이다. 하지만 그래서일까. 그림자 속에 있을 땐 또 다른 그림자 속 사람들을 더 잘 볼 수 있다. 통증과 눈물에 더 예민해진다. 밤에 기침이 더 심해지는 노인처럼, 밤에 열이 더 심하게 오르는 아이처럼.

하지만 누구나 빛 속에서만 서 있을 수 없다. 그 말은 항상 그림자 안에서만 서 있는 사람도 없다는 뜻이다. 태양의 움직임에 따라 빛은 오전엔 여기를 비추다가 오후엔 저기를 비춘다. 따라서 그림자도 이쪽에 있다가 저쪽으로 옮겨가기 마련이다. 그림자가 길 때도 있고, 짧을 때도 있다. 태양이 존재하는 한 끊임없이 반복될 테니 그 순리에 그저 몸을 맡기면 된다.

내 시간의 장면들이 그림으로 벽에 걸린다. 때론 빛, 때론 그림자에 들어가 저마다의 이야기를 품는다. 그리고 언젠가 완성될 나만의 단편 소설집 〈빛 혹은 그림자〉를 기대해 본다. 그러기 위해 난 오늘도 시간의 선택지 위에 선다. 이야기가 흐른다.

세 평 하늘

길에서 가끔 보는 사람이 있다. 머리까지 누일 수 있는 긴 휠체어에 앉아 집 마당에 나와 있는 사람. 그 사람은 '그'인지, '그녀'인지도 애매한 모습이다. 휠체어는 각도 조절이 가능한 중증 환자용이다. 그의 몸이 지면에서 30도 정도 들려 하늘을 향하고 있다. 상태를 보아하니 스스로 나온 것 같진 않고, 보호자가 앞마당에 내어놓아 준 듯하다. 저러다가 비가 오면 어쩌려고 환자를 밖에 놔둔 건지. 차가 다니는 길옆에, 저렇게 성치도 않은 사람을 방치해 둔 건 과연 올바른 건지. 이런저런 복잡한 생각이 들자 마음이 조금 불편해졌다.

그 후에도 몇 번 더 그를 봤다. 굵은 비는 아니지만, 보슬

비가 내리는 날도 집 밖에 나와 있었다. 그가 걱정되어 그 집 앞을 살펴보는 버릇까지 생겼다. 그러다가 멀리서부터 휠체어가 보이는 날엔 차 속도를 줄이고 더욱 유심히 그를 관찰했다. 그러다 보니 자연스레 궁금증이 일었다. 그는 왜 휠체어를 탄 채로 집 밖에 나와 있을까?

볕이 좋은 날이었다. 그날은 휠체어가 길 쪽에 더 가까이 놓여 있었다. 난 그의 얼굴을 볼 요량으로 속도를 줄여 천천히 그 곁을 지나갔다. 그런데 처음으로 본 그의 얼굴에서 익숙한 얼굴 하나가 떠올랐다. 스티븐 호킹. 서양인의 얼굴을 잘 구분 못 하는 내 눈엔 그 둘이 마치 쌍둥이처럼 닮아 보였다. 작고 여윈 몸, 비스듬히 기울어진 머리, 의지와는 상관없이 한곳에만 꽂혀있는 눈동자. 그 파란 눈동자를 따라 나도 고개를 들었다.

"그래, 가끔 하늘을 보자"라는 문구가 있었다. 그건 영화 제목이기도 했다. 얼마나 사람들이 하늘을 보지 않았으면 그런 문구가 공공연하게 내걸렸겠나 싶다. 요즘은 아예 눈을 스마트폰에 붙여두고 사니 하늘 볼 일이 더 줄었다. 누구나 하늘을 매일 보고 산다고 생각하지만 그건 사실 착각이다. 주목하는 무언가의 배경으로 하늘이 보이는 거다. 우리 눈이 감지하는 시야 한계선 안에 들어와 있을 뿐이다. 그래서 하늘을 본 것 같긴 한데 그 하늘이 어땠는지, 구름이 어떤 모양이었는지, 비행기가 떠갔는지, 새들이 떼 지어 날아갔는지, 이런 구체적인 장면은 잘 떠오르지 않는다. 그건 관심 영역 밖이란 뜻이기도 하다.

그저 하늘을 보는 게 아니라 마음 자체를 하늘에 걸고 바람 부는 대로 흔들려본다. 하늘 한 평, 두 평, 세 평… 점점 넓어지는 하늘의 평수. 생각의 폭도 넓어진다. 하늘을 본다는 건 다른 걸 볼 때와는 다르게 미지한 곳까지 날 끌어간다. 무한한 넓이 때문이다. 땅은 하늘을 만나 지평선을 이루고, 바다는 하늘을 만나 수평선을 이루는데 하늘은 무얼 만나 그 끝을 볼 수 있을는지. 우주라면 그 답이 될 수 있을까. 하지만 우주에 있는 해, 달, 별은 그냥 하늘에 떠 있는 것처럼 보일 뿐 하늘과 우주의 경계를 확실하게 보여주지 않는다. 마치 하나로 연결된 것처럼.

그의 하늘은 고작 세 평. 작은 방에 갇힌 채, 고개를 움직이지도 못하고 누워 있는 그에겐 눈에 보이는 천장의 넓이가 시야의 전부였을 것이다. 그래서 보호자는 그를 바깥에 내어놓았는지도 모른다. 세 평 하늘에서 벗어나 한계가 없는 진짜 하늘을 보여주기 위해서 말이다.

호킹 박사도 신체적 한계를 뛰어넘기 위해 하늘로, 우주로 자꾸 날아갔다. 루게릭병에 걸려 비록 몸은 휠체어에 붙박여 있었지만 유일하게 자유가 허락된 신체 부위, 뇌를 통하여 그의 긴 여행은 이어졌다. 저 하늘 너머 우주에 도착한 그의 생각들이 블랙홀에 빠졌다가 나오기를 여러 차례. 중력이 없는 그곳에선 몸이 자유롭게 떠올라 유영했다. 태양에서 달로, 화성에서 지구로 옮겨 다녔다. 갈 수 없는 곳은 없었다. 그곳이 아직 인류의 역사에 알려지지 않은 곳일지라도.

돌아오는 길에 다시 그를 봤다. 아직도 휠체어에 앉아 하늘을 보고 있었다. 하지만 전처럼 마음이 불편하진 않았다. 그는 어쩌면 지금 우주의 끝을 돌아 집으로 귀환하는 중일지도 모른다.

가운데 극단주의자

언론의 자유를 가르치던 프랑스의 한 교사가 이슬람 극단주의자에 의해 참수됐다. 수업 자료로 무함마드를 풍자한 만평을 사용했다는 게 그가 살해당한 이유였다. 이 끔찍한 사건에 프랑스뿐 아니라 전 세계 사람들이 충격에 빠졌다.

언제나 그렇듯 대어를 낚은 사람들처럼 여기저기서 이 사건을 물어뜯기 시작했다. 한쪽에선 '자유'를 내세워 공격했다. 언론이 억압받아 그 기능을 제대로 해내지 못한다면 분명 사회 곳곳에선 썩은 내가 진동할 것이라고 외쳤다.

반대쪽에선 '평등'을 내세워 반격했다. 프랑스 내 무슬림들에 대한 편견이 날로 심해져 그들이 차별받는 소수 계층

이 되었단 것이다. 그 안에는 부르키니(부르카와 비키니의 합성어)를 입은 무슬림 여성에게 벌금을 부과하는 법을 당장 철회하라는 강력한 목소리도 포함되어 있었다.

며칠 전 짧은 다큐멘터리에서 결혼 2년 차 부부의 이야기를 들었다. 명절에 홀로 고향으로 향하는 남편은 부부가 합의로 명절을 각자 보내기로 했다고 말했다. 그 시각 아내는 여유롭게 집안에서 혼자만의 시간을 보내고 있었다.

아내는 자라오면서 엄마처럼 살지 않기로 했단다. 며느리라는 단어에는 무수한 기대가 담겨 있는데 그것들은 일방적인 희생을 강요한다는 것이다. 남편도 그 말에 동의하며 자신의 어머니가 실수로 보낸 사진에 관해 이야기했다. 그 사진은 어머니 친구가 며느리에게서 받은 생일상 사진이었다. 남편은 어머니에게 말했다. 엄마, 나도 장모님 생신 때 그런 사진을 받진 않잖아.

워낙 대한민국 내에선 예민한 사안이라 여기저기서 물어뜯기 시작했다. 그런데 판이 점점 이상해졌다. 처음엔 용감하다, 응원한다고 하다가 점점 이런 문제의 시발점이 되는 명절을 아예 없애자, 결혼하지 말고 맘 편히 혼자 살자 등 극단적인 댓글들로 변해갔다. 논지는 이미 물먹은 솜 인형처럼 강물 아래로 깊이 가라앉아 버렸다.

당신은 극단주의자입니까? 라는 질문을 스스로 던지고,

대번 아니오, 라고 대답했다. 그런데 갑자기 내 머릿속에 고질병 같은 문제 하나가 머리를 치켜들었다.

둘째 아이가 온라인 수업에 들어오지 않았다고 학교에서 이메일을 받았다. 벌써 두 번이나 경고했는데 또 이런 이메일을 받게 되자 내 인내심의 한계가 그것 보라며 눈앞에서 얄밉게 빈정거렸다. 대체로 아이들에게 수업에 대해 잔소리하지 않는 매우 고상한 엄마라고 자부하던 난 갑자기 자리에서 벌떡 일어나 아이의 방으로 돌진했다. 그리고 아직 침대에 누워있는 아이를 발견했다. 더는 참을 수가 없었다. 겨우 던지지 않고 손에 꼭 쥐고 있던 수류탄 하나를 공중으로 높게 날려버렸다.

하지 마! 이럴 거면 다 그만둬. 학교 공부는 해서 뭐하니? 악기 레슨도 그만두고, 미술 공부도 다 그만둬! 전쟁터같이 자기 방에서 수류탄이 펑펑 터지고 있는데 아이는 겨우 실눈을 뜨며 엄마가 왜 저러나, 하는 표정을 지었다.

난 어쩌다 극단주의자가 되었을까. 아이가 온라인 수업에 제대로 참석을 안 한다면 다른 방법이 뭐가 있는지 찾아봐야 했다. 아니, 내가 직접 아이를 깨워 컴퓨터 앞에 앉히는 방법도 있다. 또 큰아이에게 수업에 들어가기 전, 동생 방을 한 번만 들여봐 달라고 부탁할 수도 있다. 그런데 난 왜 그런 극단적인 말을 내뱉었을까.

서로의 이해관계가 다른 집단끼리 목숨을 앗아가는 대신 생명의 소중함을 한 번쯤 깊게 생각해 본다면, 사회적 차별에 조금만 더 너그러운 마음을 가질 수 있다면 어땠을까. 또 오래된 전통이라도 문제가 생겼을 때 더 적극적으로 해결하고 바꾸려는 노력이 있었더라면 우리는 모두 극단주의자가 되는 어리석은 짓은 하지 않았을지도 모른다.

다음 날 아침 일찍 일어나 아이를 깨우려 방문을 열었다. 그런데 아이는 담요를 몸에 두른 채 졸린 눈으로 컴퓨터 앞에 앉아 있었다. 엄마, 나 수업 잘 듣고 있어. 결코 잘 듣고 있는 것 같진 않았지만, 괜히 웃음이 나 방문을 다시 닫았다. 그리고 돌아서며 생각했다. 코로나19 사태로 지낸 9개월 동안 아이가 아프지 않고, 우울해하지도 않고 잘 지내준 것이 얼마나 감사한 일인가.

모 아니면 도만 찾을 게 아니라 개, 걸, 윷도 적절하게 쓸 모 있다고 생각하면 된다. 흑 아니면 백으로 갈라질 게 아니라 빨주노초파남보, 무지개색이 더 아름답다고 생각하면 된다. 그리고 청팀 아니면 홍팀으로 싸울 게 아니라 두 팀이 섞여 선의의 경쟁을 하는 모습이 더 멋지다는 걸 잊지 않으면 된다.

커피를 탔다. 커피와 따뜻하게 데운 우유 사이에서 고민하다가 반씩 섞어 두 잔을 만들었다. 하나는 아이를 위해,

다른 하나는 극단주의자가 되지 않겠다고 오늘도 다짐하는 내 몫이다. 이제 '박애'를 실천할 시간이다.

13.9그램

이모 박스 잘 받았어. 다음 달 3일에 네 외삼촌과 함께 춘천에 가려고. 엄마는 사진과 함께 답장을 보내왔다. 거실 한구석 작은 탁자 위엔 이모 사진 두 장과 이모가 좋아하셨던 장미꽃 한 송이, 그리고 아주 작은 상자가 놓여 있었다.

지난 4월 7일은 엄마의 하나뿐인 언니, 우리 이모가 돌아가신 날이었다. 나에게도 엄마나 다름없는 분이셨기에 이모의 죽음은 엄마나 나에게 모두 큰 충격이 아닐 수 없었다.

얼마 전 영화 〈국제시장〉이 한국에서 많은 인기를 끌어 미국 내에서도 개봉되었을 때, 난 그 영화를 보며 우리 이모를 떠올렸다. 외삼촌도 월남전에 다녀오셨지만, 이모 역시 국위 선양을 하겠다고 45년여 전 고국을 떠났던 파독派獨 간호사였기 때문이다. 이모는 영화의 여주인공처럼 한국으로 돌아오지 않으셨지만, 독일에서 결혼해 살며 꾸준히 친정 살림 이모저모를 챙겼던 맏딸이셨다.

지난 3월 말 난 오랜만에 이모에게 안부 전화를 걸었고, 이모가 갑작스레 암 선고를 받았다는 것을 알았으며, 그로부터 다시 1주일 만에 사촌오빠로부터 비보를 전해 듣게 되었다. 이 모든 일이 단 2주 만에 장맛비처럼 한꺼번에 쏟아져 내렸다. 실감이 나지 않아 눈물도 많이 흐르지 않았다. 엄마도 그런지 연신 믿을 수 없다고만 하셨다.

장례식에 참석하기 위해 엄마를 모시고 간 독일은 날씨만큼이나 서글펐다. 이모가 안 계신 집엔 15년 전 방문했을 때 느꼈던 따스함은 온데간데없고, 허전함과 공허함으로만 가득 차 있었다.

이모가 쓰던 방, 이모가 누웠던 침대에 가 누웠다. 마치 내가 이모가 된 것 같은 착각이 일었다. 침대 옆 나이트 스탠드 위에는 추억에 관한 몇 권의 소설책과 시집이 눈에 띄었다. 스르르 손으로 책장을 훑으니, 사이사이 오래된 편지지 몇 장과 사진이 떨어져 내렸다. 침대 시트 위로 사뿐히 떨어진 편지는 10년도 더 된 우리 엄마의 편지였다. 소포를 보내며, 시간이 없어 대충 적어 보낸다는 편지에는 나의 유학을 상의하는 내가 알지 못했던 이야기도 적혀 있었다. 사진 속 남자는 이모가 한국에서 결혼까지 생각했었던 옛 정인이라고 엄마는 나에게 이야기해 주셨다. 외할머니가 반대하셔서 홧김에 다른 여자와 결혼을 했다나. 그 옆에는 한국 가족들의 연락처와 내 미국 연락처를 적은 작은 메모지들도 보였다. 한 번도 이모 손으로 직접 내게 전화를 하지 않았기에 내 연락처가 없으신가 했는데, 메모지에는 내 연락처가 또박또박 정성 들여 쓴 글씨체로 쓰여 있었다. 이모가 마지막까지 읽으셨던 듯한 시집을 펼쳐 보니, 그 안에는 작은 여자아이의 엄마를 그리워하는 마음이 가득 들어 있었다.

그리움.

이모는 그리웠던 모든 것을 기억 속에 정리하고 있었던 것이리라. 가슴 한쪽에 그 그리움이 아련하게 느껴져 왔다. 타국살이 그 그리움을 나도 잘 알기에 이모의 마지막 눈길이 같이 훑어져 내려가는 것 같았다. 그래서 고개가 끄덕여지기도 했다. 그리움을 참는 것. 그것은 그저 그리움에 사무치는 밤보다 더 힘겨웠을 것이다. 이런 조용한 함부르크 외곽 도시의 밤은 제법이나 시끄러운 새들의 지저귐에 그렇게 모두 지나가 버렸다.

엄마는 장례식을 기다리는 며칠을 이모의 짐을 정리하며

보내자고 제안하셨다. 그렇게 시작한 것이 냉동고 정리였다. 오랫동안 사람 손이 안 닿았던 것 같은 창고 깊은 안쪽, 그것들은 눈으로 봐도 어느 것이 옛날부터 있었던 것이고, 어느 것이 최근에 산 것인지가 느껴질 정도로 다른 모습을 하고 있었다. 쓰레기 봉지와 바구니를 끼고 앉아 냉동고 문을 열어보니, 퀴퀴한 냄새와 함께 온갖 것들이 꾸역꾸역 들어가 있었다. 그런데 그것들을 정리하다가 참으로 어처구니없는 일이 생겼다. 10여 년 전부터 엄마가 틈틈이 보내드린 태양초 고춧가루가 봉지째로 모두 쌓여 있었다. 어디 그뿐인가. 마른오징어와 들깻가루도 최상품들로만 사 보낸 건데 먹지도 않고, 그대로 있었다. 아무리 함부르크에서 한국 식품을 구하기 힘들다고 하지만, 아낄 것이 따로 있지 바로 먹어야 하는 것들을 이리도 쌓아 놓고만 사셨는지.

반나절을 그렇게 씨름하고 나서 안방에 들어오니 여기도 만만치가 않았다. 서랍마다 틈새 없이 들어차 있는 것들을 하나둘씩 꺼내어 보다가 역시 기가 차 헛웃음이 지어졌다. 하지만 그 속에는 많은 이야기가 들려왔다. 30여 년 전 돌아가신 할아버지께 드리려고 샀다가 못 드린 듯 보이는 최고급 낚싯대를 보면 낚시를 몹시도 좋아하셨던 아버지를 향한 맏딸의 이야기가 들려왔다. 또한 우리 엄마를 생각하며 틈틈이 사다 나른 물건들을 보면 동생을 향한 언니의 이야기가 들려왔고, 작년에 결혼한 내 동생의 선물로 사다 놓은 듯, 곱게 개어 놓은 새털 이불을 보면 조카 부부까지도 살뜰히 챙겼던 이모의 이야기가 들려왔다. 그리고 서랍 속의 손녀들 이름이 적힌 보험 서류와 헬로키티 머리 장식들이 가득한 액세서리 함을 보면, 손녀들의 미래를 걱정하고, 사랑하였을 할머니의 이야기가 들려왔다.

거실 테이블 곁엔 가족들이랑 함께 가려고 보아 두었던 여행상품 카탈로그가, 식탁 옆에는 치매 걸린 남편의 약들이 요일별로 잘 정리되어 있었고, 타지에서 일하느라 자주 볼 수 없는 아들의 엽서와 사진들이 아주 잘 보이는 벽에 나란히 붙어 있었다.

얼마나 더 살겠다고 이렇게 잔뜩 쌓아놓고, 먹지도, 입지도, 쓰지도 않았을까. 기가 막혀서 원. 엄마는 아랫입술을 깨물며 가슴 속에 치미는 뜨거운 것들을 쓸어내리시는 듯했다.

한국 전쟁 때 어린아이의 몸으로 그 무서운 시절을 참아내고, 가족들의 생계와 나라의 미래를 책임지러 독일로 건너가셨던 이모. 동양인이라고는 두 집밖에 안 되는 동네에서 어깨 펴고 자신의 삶을 견뎌내야만 했던 그 무거웠던 짐. 이모에게 그 무게는 어떤 의미였을까.

나 역시 결혼과 동시에 미국에 이민 와 타지에서 살아보니 이모의 삶을 모두 이해할 수는 없지만, 아주 조금은 이해할 수 있을 것 같다. 가족이 있는데도 외롭고, 갈 수 있음에도 그립고, 뭔가 끊임없이 채워지지 않는 그 공허함.

내일모레 한국으로 가는 친구 편에 작은 상자를 보낼게. 일주일 전, 사촌오빠의 문자 메시지를 받았다. 사실, 장례식에 갔을 때 그는 우리에게 한 가지 부탁이 있다고 했다. 상조회사에서 제안하길 장례는 이모가 생전에 원하셨던 수목장樹木葬으로 하되, 가족들이 원한다면, 화장한 일부를 작은 상자에 넣어서 모국인 한국으로 보낼 수 있도록 해 주겠다는 것이었다. 한국인이 두 명밖에 없는 작은 독일 마을에서 모국을 그리워했을 이모를 배려하는 제안이었고, 이모의 가족들 역시 그에 동의했다. 그래서 우리에게 이모의 일부를 고향에 뿌려줄 수 있겠냐고 부탁했다.

드디어 여러 법적인 과정들을 마친 후 우리는 그 작은 상자를 한국에서 받을 수 있게 됐다. 이렇게 죽어서야 그 무거운 책임감의 옷들을 훌훌 벗어 버리고, 이모는 가벼운 몸으로 그렇게 그리던 고향, 춘천으로 돌아왔다. 그 작은 상자에는 돌아온 이모의 무게가 적혀 있었다. 13.9그램.

킬로 가家의 몰락

해마의 데자뷔(deja vu)

독자 동원령動員令

천공天空의 아파트

목요일

엄마가 말을 건다

간만에

외계인 아기

나는 턱시도를 입는다

킬로 가家의 몰락

해마의 데자뷔(deja vu)

어디선가 본 것 같아.

사람들은 이런 걸 데자뷔라고 한다지. 참으로 몽환적이고, 신비로운 이름이야. 그건 영화 속 남녀 주인공이 우연을 가장해 자주 스치는 상황과 비슷하다랄까? 왜냐하면 주인공은 꼭 이런 대사를 던지거든. 우리 어디에서 본 적 없어요? 극작가는 마치 이렇게 말하는 것 같아. 이건 운명이고, 우주의 법칙입니다. 관객 여러분, 인제 그만 받아들여요. 그런데 이 현상에 비명을 지르는 한 여자가 있어.

이 여자, 또 시작이네. 그녀의 광기. 조금 전까지만 해도 나, 해마의 기억력을 극찬하며 브라보를 외쳤었는데 이젠 나무늘보처럼 늘어지고 있어. 글 쓰는 날이면 항상 그래. 상황을 재연하자면 이런 거지. 먼저 어떤 글을 써 볼까, 기대하며 컴퓨터 앞에 앉아. 그리고 기억 창고를 뒤져 아주 작은 거라도 쓸 만한 걸 찾아내면 바로 시작해. 작업 중간에도 수시로 내게 와서 필요한 것들을 꺼내 가지. 그래서 잘 풀려가는가 싶을 때쯤 그녀는 하얗게 질려버려.

어디선가 본 것 같아.

바로 그게 문제야. 데자뷔가 느껴지는 글. 그런 글은 표절 시비에 휩싸이거나 신선하지 못한 글로 분류되어 독자들에게 내쳐질 수밖에 없으니까. 그게 내 잘못이라고? 오해하지 마. 사실, 그건 기억의 문제가 아니거든. 그녀는 그녀보다 더 큰 그림자 안에 들어가 숨어. 사람들은 극한의 공포에 이르면 비명도 지를 수 없다지. 그저 숨을 참고 공포를 대면할 뿐 그 어떤 신체 부위도 말을 듣지 않잖아. 그녀의 상태가 이러하니 나도 움직일 수가 없어. 그녀는 지루한 시간을 견디는 중이야. 마른 살 비비는 소리가 들리는군. 속상한 건가, 이상한 건가 잘 모르겠지만 어느 쪽에 방점을 찍어야 할지는 알 것 같아.

그래도 이 여자, 많이 변했네. 어릴 적엔 그저 3·1운동은 아이구아이구(1919)년, 태정태세문단세, 하면서 억지로 내 창고에 기억을 구겨 넣기만 하더니 이젠 기억을 조합할 줄도, 깊은 생각 속에 숨겨진 보물을 찾을 줄도 알게 되었잖

아. 창작이라는 게 다 그렇지. 무에서 유를 만들어 내는 작업이 폭우 아래서 물 받듯 하겠냐고. 사막의 오아시스는 고사하고, 불타는 태양에서 물 한 방울 찾기만큼 힘들지 않을까? 때로는 영화 〈완벽한 거짓말〉의 주인공 마티유처럼 남의 빛나는 글을 훔치고 싶을 때도 있을 거야. 또한 원하는 능력치에 도달하지 못하는 자신을 스스로 원망할지도 모르지. 어쩌면 흰 종이 위에 세워질 잉크 제국은 데자뷔와의 처절한 전투를 통해 신기루를 현실로 만드는 작업의 결과물일 테니까. 심지어 그건 군대가 아닌 한 명의 병사가 치르는 외로운 싸움과도 같지. 그래서 지금 그녀는 홀로 싸우고 있어.

왜 신선한 단어와 표현들은 언제나 잡힐 듯 말 듯, 보이긴 하지만 닿진 않는 범위에서 일정 거리를 두고 공전하고 있을까? 우주의 법칙이니 이유 불문하고 받아들여야 하는 걸까? 왜 그사이엔 나를 향한 중력이 작용하지 않는 거지? 가만히 있어도 나무에서 열매처럼 뚝 떨어지면 참 좋을 텐데. 하지만 그런데도 다시 돌아야지 어쩌겠어. 그렇게 간절한 마음으로 소원하며 돌고 돌다 보면 가끔 별똥별 떨어지듯 좋은 글 하나라도 건질 날이 있겠지.

그런데 오늘밤, 이 여자는 긴 고민 끝에 반대로 좋은 글 주위를 맴돌고 있어. 작전을 바꿨나 봐. 역시 나무 밑에서 입 벌리고 있는 건 어리석은 거겠지. 낚싯대를 드리우고 열심히 미끼를 던진다면 조금이라도 확률이 높아지지 않을까? 그녀가 다시 공전하기로 했다면 자, 나도 이제 열심히 돌아야겠군. 이건 그녀에게 좋은 이야기를 내어 주기 위한 나의 자전이라고 해 두지.

마지막으로, 혹시 내가 어떻게 생겼는지 본 적 있어? 아마도 날 처음 본다면, 당신 머릿속 해마는 기억 창고를 뒤지다가 이렇게 말하겠지. 어디서 본 것 같아. 그래, 물속에서!

독자 동원령動員令

이야기 안으로 들어선다. 소극장에 들어설 때마다 그렇게 생각한다. 객석은 때로 의자가 아닐 수도 있다. 그건 바닥이나 주변 사물을 이용할 수도, 혹은 그냥 서 있는 자체가 될 수도 있다. 상관없다. 그것이 무엇이든 관객을 이야기 속으로 끌어들이기 위한 최고의 방법일 테니.

불이 꺼지고 드디어 이야기가 시작된다. 즉석에서 연주하는 기타와 드럼 소리에 가슴속 일탈이 가장자리서부터 고개를 든다. 배우들의 목소리가 그 위에 덧입혀진다. 그리고 그들의 호흡이 내 귓바퀴에 와닿는다. 무대 위 발소리가 나무만의 투박함으로 텅텅 울린다. 그리고 내 발밑에서도 그와 같은 소리가 난다.

시간이 흐르고 어느새 비 오는 장면으로 들어간다. 관객 동원령이 내려진다. 인라인스케이트를 신은 배우들이 물총을 들고 관객석으로 뛰어든다. 그리곤 어린 사내아이들의 놀이처럼 사방으로 갈겨버린다. 데이트를 나섰다 예상치 못한 소나기를 만난 것처럼 모두가 아수라장이다. 코르셋과 가터벨트 차림의 배우들이 객석을 휘젓고 다니며 관객들 다리 위에 앉아 교태를 부린다. 그리고 장면이 모두 끝났을 땐 우리 모두 폭우 속을 정신 없이 지나온 차림새로 착석한다. 이미 관객은 이야기 세계에 사는 사람이 되어 있다. 배우와 똑같이 그 상황에 부닥쳐 웃고, 울고, 소리 지르고, 연기한다.

이번엔 논란의 여지가 많았던 현대 음악가 존 케이지의 〈4분 33초〉 안으로 들어선다. 연주자는 정확히 4분 33초 동안 아무것도 하지 않는다. 이 곡은 연주할 때마다 다른 음악이 된다. 조용한 홀 안에는 누군가의 기침 소리, 숨소리, 속삭이는 소리, 종이 넘기는 소리, 옷이 부스럭거리는 소리가 들린다. 그리고 그 모든 소리가 합쳐져 하나의 음악을 완성한다. 이것이 이 곡이 매 순간 달라지는 이유다. 청중, 연주자의 컨디션, 상황과 환경이 매번 같을 순 없기 때문이다.

그의 친구 라우센버그의 작품 〈그리지 않은 그림〉 안으로 들어서면 비슷한 이야기를 들을 수 있다. 이 작품은 제목 그대로 아무것도 그리지 않은 흰 캔버스가 전부다. 그러나 시시각각 달라지는 햇빛, 관객의 움직임에 의해 생기는 그림자가 이 작품을 완성한다. 어찌 보면 영원히 완성되지 않을 그림이라 할 수도 있고, 그래서 더욱 관객의 호기심을 끄는 매력을 지녔다 하겠다.

그렇다면 책은 어떤가. 그 어떤 매개체보다 유구한 역사를 가지고 독자들을 붙들지 않았던가. 독자는 작가가 이끌어가는 이야기 안으로 들어가 주인공과 함께 상상 속에서 만난다. 그의 샴쌍둥이 형제처럼 한 몸이 되어 사랑하고, 싸우고, 생각하다 보면 어느새 심장이 풍선처럼 부풀었다 줄었다 한다.

작가는 '나'였다가 '너'이기도 하고, '그' 혹은 '그녀'가 되어 태도를 바꾼다. 그 말은 주인공이었다가 관찰자였다가 방관자가 되기도 한다는 뜻이지만, 어느 입장에서 볼지는 전적으로 작가에게 달렸다. 그리고 작가는 무엇이든 독자를 이야기 속으로 끌어들이기 위한 최고의 방법을 택할 것이다. 하지만 1인칭, 2인칭, 3인칭만으로 독자를 유혹하는 이야기보다 더 적극적인 수를 쓰려는 작가는 없을까. 가령, 독자더러 대 놓고 이 안으로 들어와. 네 생각은 어때? 이런 식이다.

친구들과 놀이로 하던 '소설 이어 쓰기'가 그렇다. 메인 작가인 내가 기본 틀을 잡아 시작하면 독자인 친구들이 돌아가며 자기가 원하는 이야기를 이어가는 식이다. 독자들은 자기가 이야기에 참여할 수 있다는 것에 열광했다. 내가 원하는 대로 주인공이 움직이고, 생각하는 건 얼마나 매력적인지. 이걸 집단지성이라 부를 수 있을진 모르겠지만, 여러 사람의 생각을 뭉쳐 하나의 이야기로 만들어 내는 일은 꽤 큰 쾌감을 가져왔다. 다 차려 놓은 밥상에 앉아 그저 맛에만 집중하게 하느냐, 아니면 밥상을 함께 차려 먹느냐의 차이가 아닐는지. 그렇다면 전자의 경우, 더욱 전문적인 맛을 작가가 내밀면 독자는 우아하게 칼질을 하며 음미할 것이고, 후자는 누구나 만들기 쉬운 요리를 독자 스스로 만들어 보며 큰 공감을 맛볼 것이다.

몇 해 전 설날, 드라마를 보다가 깜짝 놀란 적이 있었다. 티브이 속 주인공과 그의 가족들이 함께 아침을 먹으려는 장면이었는데 모든 배우가 시청자인 나, 즉 카메라를 보며 새해 복 많이 받으세요, 하곤 밥을 먹기 시작했다. 그리고 아무 일도 없었다는 듯 연기를 이어갔다. 순간 내가 그 드라마 안에 들어가 있는 듯한 기분이 들었다.

이런 걸 우린 4인칭이라고 부를 수 있을까? 무대, 악보, 캔버스, 스크린 밖의 관객, 청중, 독자를 끌어들여 하나의 작품에 포함하는 일. 수동적 감상평이 아닌 능동적 참여로

한 호흡 안에 녹아드는 일. 어쩌면 그것이야말로 재미를 넘어선 예술의 경지가 아닐까 감히 생각해 본다.

요즘 시대 예술이 보여주는 4인칭의 시도를 문학계에서 꿈꿔 보는 건 아직 무리일까? 하지만 어느 시대나 괴짜가 탄생하듯 어떤 작가가 짠 나타나 독자 동원령을 내릴 날이 올지도 모르겠다.

이 글을 읽고 있는 당신도 내 말에 동의할 수 있을까?

천공天空의 아파트

난 지브리(Studio Ghibli) 마니아다. 그 특유의 상상력에서 나오는 감성이 좋다. 특히 〈이웃집 토토로〉와 〈센과 치히로의 행방불명〉을 좋아하는데 어릴 적부터 함께 봐서 그런지 우리 아이들도 한 작품을 50번씩은 돌려봤을 정도로 좋아한다. 둘째 아이는 아예 미야자키 같은 애니메이션 감독이 되겠다며 꿈을 굳힌 게 초등학교 때부터였다. 지브리의 작품은 하나 같이 동화 같은 구석이 있다. 동화 같다는 건 현실을 반영하지만, 비현실적인 요소도 포함하고 있다는 뜻이며 거기서 주는 교훈도 있다는 뜻이기도 하다. 그것이 지브리의 매력이다.

앞의 두 작품이 캐릭터에 집중했다면 〈하울의 움직이는

성〉과 〈천공의 성, 라퓨타〉는 공간에 집중했다. 우리가 겪어보지 못한 새로운 세계를 만들어낸 것이다. 주제는 달랐지만 창조된 공간, 성城이 나온다는 점은 같았고, 그 성 자체만으로도 우리의 호기심을 유발하기에 충분했다. 하지만 둘은 조금 다르다. 〈하울의 움직이는 성〉에 나오는 성은 제목 그대로 움직이는 데에 치중한다. 현실에서 찾자면 어디든지 끌고 다닐 수 있는 RV 같은 느낌이다. 그 안에 침대, 부엌, 화장실, 테이블까지 생활에 필요한 모든 걸 갖추고 있는 이동식 집이다. 그러면 〈천공의 성, 라퓨타〉에 나오는 성은 어떨까. 그건 공중에 떠 있는 집이다. 그럼 실제에선 어떤 예를 찾을 수 있을까. 나무 위의 집? 그건 나무가 땅에 붙박여 있으니 아닐 것이다. 그럼 30층부터 거주공간을 만든 아파트? 그것 역시 아래층은 다른 용도로 쓰고 있기에 건물 자체는 땅에 붙어있는 셈이다.

자기부상 열차도 있는데 공중에 떠 있는 집을 상상하는 건 아직 무리일까. 그런 생각에 빠져있던 중 근래에 재미있는 뉴스 하나를 봤다. '클라우드 아키텍처'사에서 내놓은 기발한 프로젝트가 그것이다. 쉽게 설명하자면 공중에 떠 있는 아파트를 짓겠다는 것이다. 처음엔 자기를 이용해 공중부양을 시키려나 보다 했는데 읽어보니 더 기발한 방법이 존재했다. 물론 실현 가능성은 희박하겠지만. 그들은 아파트를 공중에 띄우기 위해 아예 아파트를 하늘에 매달기로 했다. 예상 조감도를 보니 꽤 일리는 있어 보였다. 소행성에 여러 개의 케이블을 연결해 묶고, 타워 크레인으로 층을 늘려가며 거꾸로 빌딩을 내려 짓겠다는 것이다. 상상만으로도 놀라운데, 높이가 우주까지 나가다 보니 몇 층에 사느냐에 따라 방에서 우주가 보이기도 하고, 성층권이 보이기도 하고, 도시가 내려다보이기도 한다는 말이다. 심지어 소행성에 매달려있어서 하루 동안 8자를 그리며 창공을 움직여 다니다가 맨해튼 정도에서 지상과 가장 가까워진다고 한다.

놀라운 상상력에 잠시 간과하고 있었는데 아파트가 공중에 매달려 있으면 지상으로 내려오기 위해 뭔가가 필요하겠구나 싶었다. 하지만 하늘을 나는 자동차도 이미 시범 주행에 성공해 판매를 앞두고 있어서 그것도 별문제가 될 것 같진 않았다. 이젠 정말 SF 영화에서나 보던 장면, 공중에 떠 있는 아파트에 살며 하늘을 나는 자동차로 지상이나 또 다른 공중에 떠 있는 건물들로 옮겨 다닐 날이 머지않은 것 같다. 누군가 영화는 언제나 실현 가능성을 두고 만들어지기에 미래에는 그 모습이 반드시 현실화할 거라고 하더니만 그 말이 맞을지도 모르겠단 생각이 들었다.

〈천공의 성, 라퓨타〉가 1986년에 제작된 지브리의 첫 작품이라는 것을 고려할 때 미야자키 감독의 상상력에 감탄

하지 않을 수 없다. 하지만 더 놀라운 건 이 작품의 모티브가 된 것이 〈걸리버 여행기〉의 세 번째 시리즈 〈하늘의 섬, 라퓨타〉라는 점이다. 무려 1726년 작품이다. 거기엔 공중을 떠다니는 섬, 라퓨타가 나온다. 풍자소설이긴 하지만 그 상상력이 이어져 3백여 년이 흐른 지금, 드디어 현실화한다니 참으로 놀라운 일이다.

그런데 아무리 현대 과학 기술이 천공의 아파트를 지을 수 있을 정도로 발전했다 할지라도 영원히 잃고 싶지 않은 것이 하나 있다. 마지막 장면에서 여주인공 시타가 용감하게 내뱉은 말.

"땅에 뿌리를 내리고 바람과 함께 살아가자. 씨와 함께 겨울을 나고 새들과 함께 봄을 노래하자. 아무리 강한 무기가 있어도, 수많은 로봇을 조종해도 대지를 떠나서는 살 수 없어요."

이 명대사는 마치 현대를 살아가는 우리에게 경고하는 것 같다. 그래서 난 4차 산업 혁명을 앞둔 이 시점에서 감히 말하고 싶다. 누가 뭐래도 공중이 아닌 대지에 발붙이고 살고 싶다고. 인간은 원래 그래야 하는 거라고 말이다.

목요일

목요일이다. 글 모임에 가기 위해 매주 목요일을 비워 둔 덕에 아침부터 집이 썰렁하리만치 한가하다. 아이들 일정도 오늘만큼은 모두 방문 수업이다. 그래서 매주 목요일은 내가 집에 없어도 모든 일정이 알아서 자연스럽게 흘러간다. 만족스럽다. 아무에게도 방해받지 않는, 온전한 나의 날이다. 하지만 나를 위해 비워 둔 시간이어서일까. 목요일은 내 성격과 많이 닮았다.

월요병에 시달리는 월요일, 빗소리가 들리는 화요일, 왠지 빨간 장미를 선물해야 할 것 같은 낭만적인 수요일과 불타는 금요일, 황금 같은 토요일, 여유로운 일요일 사이에 끼어있는 날, 목요일. 양쪽에 3일씩 날개가 묶여 이쪽으로도 저쪽으로도 날지 못하는 처지가 안쓰럽기까지 하다. 난 항상 경계선을 서성인다. 일종의 결정장애란 생각도 든다. 모든 선택지는 매번 당연히 날 찍겠지? 하는 표정으로 내 입장을 난처하게 만들기 때문이다. 그래서 음식을 먹을 때나 갈 곳을 정할 때, 똑같이 생긴 여러 브랜드의 물건 앞에 섰을 때 난 손톱을 깨문다. 사실 무얼 선택해도 문제가 생기진 않겠지만 색이 분명한 빨강이나 파랑이 되지 못하는 난 언제나 중간의 적당한 선을 찾는다.

그건 나의 정체성과도 관련 있다. 나는 한국에서는 미국인, 미국에서는 한국인으로 인식된다. 새도 쥐도 아닌 박쥐 신세다. 치킨은 프라이드 반 양념 반, 자장면과 짬뽕은 짬자면으로 재탄생해 사람들에게 인기라지만, 반반인 정체성은 본질적인 뿌리를 의심하게 만든다. 심지어 그 정체성을 아이들에게까지 유산으로 물려줘야 한다고 생각하니 여러 가지 고민이 생긴다.

그래서일까. 목요일은 스트레스가 가장 심한 날이란다. 월요일부터 수요일까지 힘들게 끌고 온 몸과 마음을 아직 주말이라는 멋진 휴양지 앞에 풀어 놓지 못하고 당겨 잡은 상태다. 그 긴장감은 롤러코스터가 꼭대기에 오른 듯 최고조에 달한다. 어쩌면 우유부단한 성격의 소유자는 낙관적인 사람이 아니라 가장 예민한 사람일지도 모르겠다. 너무 많은 고민과 걱정을 끌어안고 산다는 뜻이니까 말이다.

미국에선 유독 목요일에 행사가 많다. 즐거운 휴식으로 들어가기 전, 골치 아픈 일들을 모두 해치워버리겠다는 듯 한꺼번에 뭉쳐서 던져버린다. 학교 콘서트나 조회, 시상식 같은 것들이다. 그렇다면 목요일은 뭔가를 해소하는 날이 아닐까. 머리와 마음을 무겁게 했던 모든 것을 한껏 쏟아내고 가볍게 주말로 향하는 반환점. 마치 용변을 보는 것처럼 배설과 동시에 정화되는 카타르시스가 터지는 시간이다.

목요일의 어원이 되는 목성의 성분은 지구보다 가볍다. 하지만 목성은 태양계에서 가장 크고 무거운 행성이다. 그러니까 티끌 모아 태산이라고 하지 않던가. 티끌은 작고 가볍지만 가벼운 것들이 모여 가장 크고 무거운 것을 만들어 낼 수 있다는 것. 품고 있는 게 가볍다고 해서 그것을 그저 가볍다고 할 수 없는 이유다. 그래서 목요일은 무거움과 가벼움을 동시에 품어 그들 사이에 적당한 균형을 잡아준다. 어느 쪽으로도 치우치지 않고 일과 삶의 균형을 잡아주는, 워라밸의 꿈이 현실 가능한가 가늠해 볼 수 있는 지점이다.

그러한 까닭에 수많은 위성이 목성 주위에 존재하는 걸지도 모른다. 포용력 있는 사람 주위에 많은 사람이 따르는 것처럼. 그러고 나니 갑자기 목요일이 살가워진다. 강렬하게 색을 드러내진 않지만, 물결무늬 나이테처럼 배경에 숨어 주제가 되는 사물을 돋보이게 하는, 메타포처럼 숨겨진 뜻으로 글을 더 풍요롭게 하는 존재. 그리고 누군가에겐 라임오렌지나무 같은 목木요일이 되어 힘든 마음을 털어버리고 새로운 삶으로 넘어가는 어느 한 지점이 되기를 소원한다. 그것이 나무의 이름을 한 목요일의 힘이 아닐까.

목요일이다. 글 모임에 가기 위해 집을 나선다. 내 안의 글 나무를 키우러 간다. 아직 내 글은 초봄이라 꽃봉오리만 맺었다. 하지만 언젠가 예쁜 꽃도 피우고, 푸른 잎 무성히 자라서 싱그럽고 탐스러운 열매도 맺을 수 있는 날이 오길 기대해 본다.

엄마가 말을 건다

⋮

그 무섭다던 사춘기다. 그나마 인생에서 가장 큰 변화가 일어나는 두 시기, 사춘기와 갱년기로 대치하는 최악의 시나리오를 맞지 않은 걸 감사하게 생각했다. 주변의 다른 엄마들에게 사춘기 아이와의 전쟁기를 들으며 미리 몸집을 불려야 하나, 맷집을 늘려야 하나 고민한 적도 있었다. 그런데 막상 사춘기 아이들과의 첫 전쟁을 치르고 나니 훈장은커녕 내 존재감만 와르르 무너져 내리고 말았다.

첫 아이를 낳으며 난 엄마가 됐다. 내 이름이 아닌 누구의 엄마가 내 이름이 됐다. 생각해 보면 그전에도 누구의 딸, 누구의 아내라는 이름을 가졌었지만, 그땐 어떠한 책임감도 느끼지 못했다. 되레 책임감을 느껴야 하는 건 내가 아니라 다른 쪽이라고 뻔뻔스럽게 생각했다. 하지만 누구의 엄마라는 이름은 달랐다. 그건 왠지 모를 무거운 책임감이 부수적으로 따라왔다. 그 작고 여린 생명이 뭐라고 내게 이런 의미를 부여할 수 있는지 신기했다.

두 명의 아이들이 더 태어나고, 자랐다. 그리고 어느 순간부터 난 막연히 기다리는 쪽에 서게 됐다. 그들을 통해 내 존재가 완성되길 바랐던 것도 같다. 왜냐하면 내 이름은 반쪽짜리이기 때문이다. '누구'라는 반쪽이 붙지 않으면 완성되지 않을 이름. 그건 절대 홀로 존재할 수 없는 상대적 이름이었다.

난 매일매일 같은 자리에서 아이들이 내게 가까이 와 주기를 기다렸다. 하지만 사춘기 아이들이 부모에게 반항하는 건 이제 부모의 품을 떠날 준비를 하는 거라 했던가. 곁을 떠나는 것들의 속성이 그러하듯, 그 온도는 참으로 차갑기만 하다. 겉뿐 아니라 안까지 빙氷벽을 치고 만다. 그들은 이제 영원히 내게 오지 않을 것처럼 꼬리마저 자르고 도망가고 있었다.

너희들 키울 때 생각나네. 다 그런 거지. 기다림에 지친 내게 엄마가 말을 걸었다. 내가 언제 그랬냐며 퉁명스레 받아치려다가 문득 엄마의 주머니칼이 떠올랐다. 엄마에겐 신기한 물건이 많았다. 결혼 전, 독일에서 2년을 살다 오신

적이 있어서다. 그중 가장 신기했던 건 소위 맥가이버칼이라고 불리는 스위스제 빨간 주머니칼이었다. 한 손에 딱 들어오는 크기에 층마다 난 홈을 손톱으로 당겨 열면 그 작은 몸통에서 신기한 것들이 마구 쏟아져 나왔다. 칼, 가위, 와인 오프너 심지어 이쑤시개까지 없는 게 없었다.

사과 하나를 깎더라도 다른 엄마들처럼 휴지나 신문지에 둘둘 싼 과도가 아닌 주머니칼을 꺼내던 엄마는 말 그대로 신비로운 존재였다. 그 나이 때의 아이들이 엄마를 슈퍼우먼, 만능해결사로 생각하는 것처럼. 하지만 시간이 흐르자 스위스제 주머니칼은 더는 멋진 물건이 아니었다. 세상엔 그것보다 훨씬 멋지고 신기한 것들로 가득했기 때문이었다. 그렇게 기억 속에서 주머니칼은 점점 잊혀 갔다.

그러던 어느 날, 뭔가를 찾으려고 연 서랍 속에서 잡동사니와 함께 굴러다니던 엄마의 주머니칼을 발견했다. 잠시 찾으려던 걸 멈추고 손톱으로 그 안에 있는 모든 걸 끄집어냈다. 녹슨 데 하나 없이 예전 모습 그대로였다. 나이 든 엄마가 여전히 자식들을 위해 가진 모든 걸 꺼내어 도와줄 수 있다는 듯 의기양양했다.

오늘은 어머니날이다. 이쯤 되면 꼭 실리는 기사가 있다. 그건 훌륭한 어머니 이야기도, 어머니를 추억할 만한 이야기도 아니다. 그저 오지 않는 자식을 하염없이 기다리는 어머니의 이야기다. 그나마 바빠서 못 가니 죄송하다고 전화 한 통 해 주는 자식은 낫다. 하지만 그들 역시 매번 곧 갈 거라는 말만 남길 뿐이다. 어머니는 오지도 않을 자식을 문밖에서 온종일 기다리다가 들어가곤 했다. 물론 다음 날도, 그다음 날도 똑같을 것이다.

우리 아이들에게 내가 벌써 서랍 속에 굴러다니는 주머니칼 신세가 되었나 싶어 조금은 씁쓸해졌다. 한편으론 괘씸한 마음에 도시락도 싸 주지 말까 하다가 이런 생각을 하는 나 자신이 정말 유치하단 생각이 들어 포기해 버렸다. 하지만 날 알아주는 사람이 없단 상실감은 내 이름의 존재마저 희미하게 지워버리는 것만 같았다. 어쩌면 모든 인간관계는 절대적이 아니라 상대적일지도 모른다. 저마다 누구의 엄마, 아빠, 딸, 아들, 친구, 동료가 되어 인생을 살아가기 때문이다.

만 하루도 되지 않아 아이들에게 문자 메시지가 도착했다.

엄마, 죄송해요. 그럴 마음이 아니었다는 걸 잘 알잖아요. 요즘 제가 좀 힘들어서 실수했나 봐요.

언제 그랬냐는 듯 마음이 풀어졌다. 물론 앞으로도 이런 일이 수없이 반복될 거란 걸 잘 안다. 하지만 오늘도 난 그들을 기다린다. 내일도, 모레도 기다릴 것이다. 아마도 우리 부모님이 그러하듯 평생 기다리는 쪽에 서서 또다시 지쳐갈지도 모른다. 하지만 기다린다는 건 희망을 품는 거다. 언젠가 내 이름을 완성해 줄 그들이 꼭 와 줄 거라는 희망. 그렇기에 그 자체만으로도 살아갈 이유가 된다.

존재를 알아주길 바라는 자의 반쪽짜리 속성이 그러하듯, 오늘도 난 그들에게 말을 건다.

너희들이 좋아하는 버블티 먹으러 가지 않을래?

간만에

귀찮아. 이불 속에서 발가락이 꼼지락거렸다. 두 손은 널찍한 엉덩이 밑으로 밀어 넣었다. 하얀 천장에 아주 작은 거미가 기어가는 게 보였다. 나무 많은 시애틀에 살다 보면 이런 장면은 일상이다. 예전 같으면 벌떡 일어나 비명을 지르다가 남편을 부르다가 휴지를 둘둘 말아 쥐고 난리를 부렸을 텐데. 눈을 껌뻑였다. 거미도 움직이지 않고 가만히 있었다. 너도 귀찮은가 보구나. 그렇게 눈을 몇 번 더 껌뻑였다.

가만히 귀를 기울여 보니 옆집 처마에서 물 떨어지는 소리가 들렸다. 눈을 감고 그 장면을 상상했다. 처마는 주인이 잘 치워주지 않아 늘 작은 나뭇가지와 잎사귀들이 쌓여 있었다. 비가 오면 얼른 좀 가라고 고인 물이 그것들의 등을 떠밀곤 했다. 그런데도 육중한 몸은 좀처럼 자리를 비켜주지 않았다. 그러니 옆으로라도 비집고 나아갈 수밖에. 물은 옆으로 흘러넘쳐 아스팔트 바닥으로 떨어져 내렸다. 뭉텅이로 떨어진 빗물이 툭, 하고 묵직한 소리를 냈다. 마치 아이들이 물풍선을 바닥에 메다꽂은 것 같았다.

몸을 틀어 태아 자세를 하고 누웠다. 이불 끝자락도 끌어당겨 얼굴 반을 덮었다. 그리고 다시 생각에 잠겼다. 오늘은 뭘 하지? 늘 하는 일 말고, 오늘만 할 수 있는 일은 없을까 고민했다. 코로나19 사태로 외출이 쉽지 않아 집에 몸 붙인 지 벌써 5개월이 다 되어간다. 주변인들에게 연락해서 뭘 하며 지내냐고 물으면 되돌아오는 답은 매한가지였다. 그냥 똑같지 뭐.

우리는 요즘 '그냥 똑같은' 하루를 산다. 특별한 것 하나 없는 단조로운 삶. 그러는 새, 창밖 풍경은 분홍색 꽃이 피고 지고, 연둣빛 아기 잎새들이 나뭇가지에서 탄생하다가, 이젠 옆집이 잘 보이지 않을 정도로 초록 나뭇잎들이 무성해졌다. 이렇게 시간의 흐름을 창 하나로 깨닫는다.

벽에 난 창이 오늘따라 유난히 신비로워 보인다. 창은 문이나 벽처럼 공간과 공간을 나누고 있지만, 결코 꽉 막히지 않은 시원함이 있다. 때론 매일 그림을 바꿔 거는 느낌이

들기도 한다. 햇빛 때문에 오렌지색을 머금은 나무 그림이 걸리는 날도 있고, 오늘처럼 빗방울이 그린 직선들 때문에 여러 조각으로 쪼개진 그림이 걸리는 날도 있다.

간만에 특별한 요리를 해 볼까? 손을 뻗어 휴대전화를 가져왔다. 세상 모든 요리법이 다 들어있다는 앱(App)의 창을 열고 희미한 눈동자를 요리조리 굴려봤다. 만두전골이 가장 먼저 눈에 띄었다. 냉동실에 넣어둔 만두 한 봉지가 떠올라 서였다. 하지만 만두만 있으면 뭘 하나. 배추도, 버섯도, 유부도, 대파도 뭐 하나 있는 게 없다는 사실에 그냥 창을 닫았다. 그렇다면 돼지고기 꽃빵 샌드위치는? 하지만 이내 우리 집에 꽃빵이 없다는 사실에 다시 낙담했다. 창을 닫으며 속으로 한 마디를 내뱉었다. '간만에'는 무슨, 다 귀찮아.

천장에 거미가 언제 옮겨갔는지 창가 쪽 벽에 붙어 있었다. 혹시 밖으로 나가는 문을 찾고 있는 건 아닐까. 밤새 덧붙은 게으름을 털고 일어나 창문을 열었다. 그런데 갑자기 창밖 수많은 '간만에'와 눈이 마주쳤다.

뜨거운 날이 계속되어 지쳐가는 땅과 나무, 꽃들 위로 간만에 시원한 비가 쏟아졌다. 그린 하우스 천장을 열기 위해 나온 옆집 사람과 간만에 손을 흔들어 인사했다. 오랫동안 눈부셔 보지 못했던 하늘도 간만에 올려다봤다. 그리고 창가에 너그럽게 팔을 펴고 있는 널찍한 소파에 앉아 간만에 한참 동안 빗소리를 들었다. 간만에 귀찮다는 생각이 사라졌다.

거미가 보이지 않았다. 드디어 창밖으로 탈출에 성공한 걸까. 나도 움츠렸던 몸을 펴고 창밖으로 나갈 때가 된 듯하다. 책상에 앉았다. 한 달 동안 쉬었던 머리를 주물러 본다. 뭐 대단한 것이 나오지 않더라도 한 자리에 머물러 있지 않고, 귀찮아하지 않고, 조금씩 생각의 창 쪽으로 발길을 옮겨본다. 다시 한번 워드 창이 열리고 새로운 그림이 그려진다. 간만에.

외계인 아기

혐오 장면이 포함되어 있습니다. 외계인 아기 사진.

수많은 게시글 사이로 자극적인 제목이 눈에 띄었다. 처음엔 '외계인 아기'라는 말에 진짜일까 궁금해졌고, '혐오 장면'이라는 말에 홀린 듯 클릭해 버렸다. 이제 막 태어난 듯 탯줄을 달고 있는 아기. 하지만 튀어나온 눈, 벌어진 입, 구멍만 두 개 뚫려있는 코, 두툼한 손가락과 발가락, 무엇보다 쩍쩍 갈라진 피부가 내 숨을 멎게 했다.

더 궁금해졌다. 그리고 의심이 들었다. 공상과학 영화에서 보던 외계인은 알을 깨고 나오던데 아기의 배에 탯줄이 있다는 건 외계인도 포유류란 건지. 하지만 그런 생각도 잠시, 그 아기의 정체를 알아버렸다. 할리퀸 어린선 환자. 피부가 갈라진 모양이 할리퀸의 옷 무늬와 닮았다고 해서 붙여진 병명이다. 이 병은 유전질환이라 태어날 때부터 특징적인 외모를 지닌다. 흡사 외계인의 아기라 해도 정말 믿을 만하다.

요즘 온라인은 악의적인 글, 자극적인 글과 전쟁 중이다. 사람들의 이목을 끌기 위해 넘지 말아야 할 선을 넘고, 하지 말아야 할 무리수를 둔다. 위험한 절벽 끝에 매달려 사진을 찍다가 사선까지 넘고 마는 사람들 이야기는 이젠 흔한 뉴스가 됐다. 현실에서도 그렇지만 자신의 모습과 삶을 마음껏 포장할 수 있는 온라인에서는 그 현상이 더 심할 수밖에 없다.

어떤 글엔 아예 '비방글, 악플 금지. 신고하겠음'이란 꼬리표도 붙는다. 전쟁 선포다. 선플 운동도 펼쳐진다. 선한 댓글을 달아주자는 것이다. 악플 때문에 자살하는 사람이 얼마나 많았으면 이런 일들이 일어나겠는가. 익명성의 잔혹성. 얼굴 보고는 차마 할 수 없는 말들이 화살처럼 쏟아져 와 박힌다. 랜선을 타고 달려드는 그들의 기세가 거세다. 나이, 성별, 출신도 알 수 없는, 흐리멍덩해진 양심들이 새까맣게 날아온다.

일리노이주에 사는 브리에나는 할리퀸 어린선 환자다. 피부가 다 벗겨진 것처럼 붉지만 오빠와 함께 웃고 있다.

엄마는 제발 아이를 바라보는 삐딱한 시선이 사라졌으면 좋겠다고 말한다. 그들은 과연 무슨 이야기를 들었을까. 그걸 상상하긴 어렵지 않다. 괴물을 낳았네, 애가 외계인을 닮았네, 꿈에 나올까 무섭네, 병이 옮지는 않을까 모르겠네. 얼마나 많은 말들이 브리에나와 그녀의 가족에게 상처를 주었을지. 그들의 선택이 아니었기에 더 슬픈 그들의 이야기.

유명 검색 사이트에서 할리퀸을 찾아보니 울긋불긋한 다이아몬드 문양의 옷을 입은 광대 사진이 뜬다. 그리고 그 밑으로 이런 말이 적혀 있다.

할리퀸을 검색하면 할리퀸 어린선의 사진이 나오니 주의.

자신의 존재 자체가 타인에게 혐오감을 준다는 건 얼마나 가슴 아픈 일일까. 자신의 사진에 주의하라는 경고가 달린다는 걸 아이는 알까. 그리고 그 경고를 단 사람은 아이의 고통을 알까. 귀엽다, 예쁘다는 말만 들어도 모자랄 나이의 아이에겐 주문을 외는 듯한 수근거림과 힐끔거리는 눈동자가 전부였을 것이다.

아이의 얼굴에 알록달록한 가면을 씌워주고 싶다. 아이의 몸에 다이아몬드 문양의 옷을 입혀주고 싶다. 아이의 아픔과 슬픔을 다 가려주고 싶다. 아이를 보며 모든 사람이 웃었으면 좋겠다. 그것이 비록 울고 있는 내면을 가린 거짓 얼굴일지라도. 아이가 사람을 당당히 마주할 수만 있다면, 세상을 향해 나갈 수만 있다면 할리퀸으로 만들어 주고 싶다.

남의 아픔을 자신의 이익을 위해 이용하거나 희화화하는 그들이야말로 마음이 쩍쩍 갈라지는 병에 걸린 환자가 아닐는지. 메마른 땅처럼 입을 벌리고 인기를 구걸하는 사람들. 자신이 마시는 물이 다른 이들의 눈물이라는 걸, 그 짠맛 때문에 목을 축이고 축여도 갈증이 전혀 해결되지 않는다는 걸, 그들은 알까. 그걸 모른다면 그들은 사람이 아니라 외계인이다.

인터넷 창을 연다. 게시글을 쓰기 위해 자판에 손을 얹는다. 그들의 사진을 첨부한다. 그리고 그들의 마음이 내걸린 사진에 제목을 단다.

주의 : 혐오 장면이 포함되어 있습니다. 외계인의 마음.

나는 턱시도를 입는다

입고 싶은 옷이 생겼다. 카탈로그를 넘기다가 나도 모르게 눈길이 머문다. 빛도 통하지 않을 것 같은 이탈리아산 고급 공단은 모델의 몸을 타고 검은 폭포처럼 떨어져 내린다. 과하지도 덜하지도 않게 너비와 길이가 맞춰져 있다. 품은 주먹 하나 들어갈 만큼 넉넉해서 답답해 보이거나 반대로 처져 보이지 않는다. 소매 길이는 은빛 시계를 덮을 만큼만, 바지 길이는 발등을 가리지 않을 만큼만 내려와 있다. 그 어떤 화려한 무늬나 액세서리를 곁들이지 않았지만 그것으로 족하다는 생각이 든다. 사진의 배경은 한옥 담벼락이다. 그마저도 예스러운 분위기를 옷에 더한다. 그래서인지 그 옷엔 아직 내가 경험하지 못한 우주의 시간도 담겨 있고 과거의 시간도 겹겹이 덧입혀져 있다. 누가 이렇듯 아무도 흉내 낼 수 없는 정밀한 품격을 만들어 놓았을까.

한국에서 난 늘 옷을 고르는 데 애를 먹었다. 팔, 다리 길이는 짧았고, 어깨너비는 좁았다. 세 아이를 낳고는 더 힘들어졌다. 불어난 몸은 이 시대가 원하는 체형이 아니라는 듯, 주위는 온통 내가 입을 수 없는 옷들로만 가득했다. 큰 사이즈를 판다는 곳에서 산 옷도 날씬한 모델을 앞세워 카탈로그 사진을 찍었기 때문에 실제로 입어보면 내가 생각하던 것과 아주 달랐다. 그렇다고 전 세계 옷이 다 그런 건 아니었다. 한 예로 독일에서 산 바지는 그나마 길이가 맞아 꽤 오랫동안 아껴두고 입었다. 미국에 와선 다행히 길이나 어깨너비, 사이즈가 맞아 선택의 폭이 넓어지긴 했다. 그런데 그것도 뭔가 모르게 불편하고 어색했다. 밑위가 짧거나 가슴이 너무 파였거나 통이 크거나 그 외에 다양한 이유로 또다시 옷 쇼핑을 그만뒀다.

우리는 프레타포르테 시대를 살아간다. 기성복이 주는 편리는 언제든 바로 사 입을 수 있다는 점에서 온다. 물론 고급 기성복도 많다. 선택의 폭도 넓다. 어쩌면 내 체형이 보통이라는 기준에 잘 맞았더라면 그 편리가 주는 불편을 모르고 살았을지도 모른다. 구매평에 달리는 수많은 댓글이 그것을 반증한다. 길이가 생각보다 짧아요, 길어요. 사이즈가 좀 크게 나왔어요, 작게 나왔어요. 심지어 이런 댓글도 있다. 가격 대비 그럭저럭 괜찮아요. '그럭저럭 괜찮은' 옷을 입는 우리는 진짜 괜찮은 걸까. 혹시 사회적 보편성을 가지려는 심리는 아닐까. 사람들 속에서 튀지 않고, 섞여 들어가려는 성질. 그건 마치 고르게 깔아놓은 잔디밭 위에 핀 한 송이 민들레와 같다. 사람들은 결국 이 불편한 비통일성을 견디지 못하고 그것이 더 번지기 전에 재빨리 뽑아버릴 것이다. 각자의 머리를 들지 말고 국으로 숨죽여 살란 뜻인지.

난 그 머리를 곧게 쳐들었다. 오트쿠튀르를 입고 싶어졌다. 마스터 테일러가 정성껏 내 어깨너비를 재고, 가슴둘레와 허리둘레, 엉덩이둘레를 재고, 등 길이와 다리 길이를 재서 내 몸에 딱 맞는 옷을 만들어 준다면 어떨지 생각했다. 내 어깨가 넓으면 넓은 대로, 팔, 다리가 길면 긴 대로, 체격이 크면 큰 대로 나에게만 온전히 맞춰진 옷. 그건 불편하지도 어색하지도 않을 것이다. 내 취향과 생각이 담겨 다른 이로 하여금 내가 누군지 보여줄 수도 있을 것이다. 어떤 이들은 맞춤복을 고집하는 나를 보며 유별나다고 할지도, 적당히 좀 살라고 그게 좋은 거라고 강요할지도 모른다. 하지만 각자의 존재는 원래 유별나다. 전 세계 70억이 넘는 사람들은 각기 다르다.

같을 수 없으니 자꾸 프레타포르테 방식을 강요한다. 때론 공공의 선이나 이익을 위해 짜인 틀이 필요하긴 하다. 기성복에 몸을 맞출 때도 있어야 한다. 같은 유니폼을 맞춰 입어야 소속감이나 공동의식을 만들 수 있다. 하지만 거기까지다. 우리의 숨겨진 개성은 기성복에 맞춰질 수 없다. 마음껏 표출되어야 한다. 길이도 너비도 재조정되어야 한다. 각자의 몸에 맞게 그만큼 정성을 들인 옷을 입어야 한다. 기성복보다 맞춤복이 비싼 이유가 여기에 있다. 나에게 맞춰진 옷을 다른 사람은 절대 입을 수 없기 때문이다. 소비자가 한 사람이니 당연히 그 가치와 가격이 올라갈 수밖에 없다.

카탈로그 사진 아래에 작은 글씨로 '맞춤 정장 여성 턱시도'라고 상품명이 적혀 있다. 남성의 전유물 같이 느껴지던 턱시도라는 단어가 여성에게 입혀지니 독특한 느낌을 준다. 그런데 뒷맛이 씁쓸하다. 여성이란 기성복을 입던 습관 때문일까. 나도 모르게 아무런 거부감 없이 입었던 기성복들. 또다시 그 편리가 주는 불편이 가슴께를 날카롭게 긁어내린다. 하지만 그건 오트쿠튀르를 향한 나의 첫걸음이 어색해서일 뿐이다. 낯선 시선들이 나에게 쏠릴 테지만 그건 나름 내 작전이 잘 통하고 있다는 증거다. 옷이 사람을 만든다라는 말이 있다. 내게 딱 맞는 검은색 턱시도를 입으면 그 옷은 나를 어디로 데려갈까. 나를 어떤 사람으로 만들어 갈까.

카탈로그 모서리를 세모지게 접는다. 언젠가 그곳에 들를 날을 고대한다. 종로 북촌의 2층 작은 공방. 뒷마당에 있는 100년 된 소나무를 바라보며 그 시간만큼 대를 이어 온 마스터 테일러를 향해 두 팔을 수평으로 뻗는다. 나는 그 정밀한 품격을 입고 싶다.

킬로 가家의 몰락

아랫방에선 마루 까는 작업이 한창이다. 남편은 그 일을 위해 며칠 전부터 세심하게 준비했다. 가운데 부분은 비교적 쉬웠지만, 문이 닿는 부분과 꺾여진 벽을 둘러갈 땐 줄자로 길이를 재고, 연필로 표시한 후 그 모양에 맞게 잘라냈다. 정확하지 않으면 들어맞질 않으니 신중에 신중을 기할 수밖에. 줄자를 가만히 들여다보니 그 위에는 수많은 눈금이 똑같은 간격으로 줄을 서 있고, 인치와 센티미터가 표시돼 있다.

얼마 전 킬로그램을 재정의한다는 뉴스를 읽었다. 그 말인즉, 우리가 알던 킬로그램에 뭔가 오류가 생겼다는 건데. 단위란 모름지기 바뀌지 않는 걸 기초로 하는 부류가 아니던가. 그런데 그 기준에도 업데이트가 필요한 걸까.

원래 나누고 재는 걸 좋아하는 인간들 곁에서 날카로운 칼을 들어 세상을 쪼개고, 잘라내며 살아온 그들이었다. 그 중, 킬로(kilo) 가家는 확실히 그쪽에선 명망 있는 가문임에 틀림이 없었다. 130여 년을 그렇게 살며 가족도 늘어났다. 킬로보(baud), 킬로비트(bit), 킬로가우스(gauss), 킬로파스칼(pascal) 등. 달린 식구가 많으니 책임감도 더했을 터다.

모두의 기준이 되어줬던 집안의 가장, 킬로그램은 몇 년 전부터 시대 변화에 맞춰 새 옷을 입으라는 권고를 받았다. 하지만 나이가 들어서인지 선뜻 변화를 받아들이기가 쉽지 않았다. 그들이 말하는 나이가 들었다는 건 몸의 부피가 줄었다는 뜻이다. 공기 중으로 산화된 그의 일부. 100년간 50마이크로 그램이나 줄었다니 큰일이 아닐 수 없다. 정확함이 생명인 현장에서 더 날을 벼렸어야 했다. 하지만 스스로 줄어가는 몸뚱이를 어쩌란 말인가.

킬로미터가 함께 술잔을 기울이자 청했다. 그의 동료였던 마일(mile)이란 놈은 잽싸게 강대국을 등에 업고 그 큰 나라에서 자동차 계기판에서조차 킬로미터보다 더 크게 이름을 박아 넣는 데에 성공했다. 놈의 근원이 로마 시대로부터 온 걸 생각해 볼 때, 이 업계에선 괄목할만한 성공사례라는 것에 대해 이견이 없다. 하지만 큰 시장에서 승리의 깃발을 휘날리는 녀석 아래, 만년 과장 딱지를 단 킬로미터는 맥없이 고개를 숙였다. 물론 그 역시 세계 곳곳에서 활약하고 있지만 언제 그놈의 기세에 눌려 교과서나 문제집에만 겨우 남게 될지 모를 일이다. 그것이 힘의 원리가 아니겠는가. 이미 이런 변화를 한 번 넘어온 그일지라도 잘나가는 동료와의 대결에선 영 자신이 없는지 어깨를 축 늘어뜨렸다. 킬로미터에게 힘내라며 빈 술잔에 다시 술을 채워 줬다.

킬로그램은 회사에서 새 작업복을 받았다. 과연 정확하게 떨어지는 매무새가 매력적이었다. 입기만 해도 최신형 로봇이 된 듯 세련미가 흘렀다. 하지만 그 옷에 적응하기 위해선 늘어진 뱃살을 날카롭게 베어내고 허리를 곧추세워 코르셋을 입은 듯 올바른 자세와 체형으로 돌아가야 한다. 플랑크 상수(h)의 영원히 변치 않는다는 시술을 받기로 했다. 그렇다면 그 말은 앞으로 또 다른 변화를 맞지 않아도 된다는 뜻일까. 그건 더 살아봐야 한다. 새로운 시대가 열리면 인간들의 요구사항도 달라지는 법이니까.

킬로그램은 선택의 갈림길에서 깊은 생각에 잠긴다. 그동안 얼마나 많은 단위 명문가가 세계화로 인한 변화에 체질을 바꾸지 못해 몰락해 갔던가. 바탕, 목, 사, 수동이, 심지어 되마저도 전통시장에 좌판을 깔고 근근이 그 명맥을 이어갈 뿐이다. 그들처럼 되지 않으려면 적절한 타협이 필요하다. 달력이 윤달, 윤년을 만들어 유연하게 대처했던 것처럼 융통성을 발휘해야 한다.

이젠 인간들이 들이민 새로운 계약서에 서명할 일만 남았다. 다행히 그 뿐 아니라 암페어(A), 켈빈(K), 몰(mol)도 이번 업데이트에 동참하게 되었다니 그것으로 위안을 삼는다. 이렇게 술 한 잔을 목에 털어 넣으며 킬로 가는 몰락의 길에서 잠시 비껴가게 되었다는 말씀.

남편이 반나절을 넘게 깐 마루를 다시 뜯고 있다. 처음부터 어긋난 길이가 점점 벌어져 틈새를 만든 탓이다. 꽤 꼼꼼했던 우리 집 가장도 이젠 업데이트가 필요한가 보다.

옥수수 가루 위의 참새

나는 위험한 상상을 한다

비트겐슈타인식 연말정산법

난해시 씹어먹기

옥수수 가루 위의 참새

크리스마스트리를 아시나요

사실 버섯은

속보

행운을 빌어요

옜다! 기념품

나는 위험한 상상을 한다

•
•
•

낱장의 처방전을 접수창구에 들이밀었다. 먼저 맡긴 처방전을 준비하는 중이라 잠시 앉아서 기다려야 한단다. 그래서 볕 잘 드는 약국 구석 자리, 긴 의자에 가 앉았다. 내 등을 큰 팔로 보듬어 안는 태양의 온기가 내 안에 있는 병을 나아라, 나아라 한다.

그때, 스키니진에 하이힐을 또각거리며 한 여자가 약국에 들어섰다. 낮잠을 즐긴다는 그녀는 밤잠을 자기 위해 수면제인 졸피뎀을 챙겨 받았다. 약사는 약을 건네며 경고했다. 제발 수면제에 의존하지 말 것. 그리고 절대 낮잠을 자지 말 것. 하지만 약사의 설명을 듣는 그녀의 표정은 시큰둥했다.

사람의 몸이 글라스캡처럼 투명하면 좋겠다. 먹은 약이 몸에 들어가서 어디로 가고, 어떻게 작용하는지 직접 눈으로 볼 수 있다면 사람들은 과연 약을 함부로 입에 털어 넣을 수 있을는지.

약에 의존한다는 건 알록달록한 포장지로 싼 싸구려 사탕을 먹는 것이다. 예쁜 포장지에 먼저 마음이 가고, 그다음엔 달콤한 맛에 의존하게 되면서 다른 음식엔 입도 대지 않게 된다. 하지만 그 대가는 몇 개의 충치와 몸 구석구석 쌓여가는 불필요한 살덩어리다. 의존이 아닌 의지가 필요한 순간이다.

내 상상 속에서 그녀는 그것들을 모두 한입에 쏟아붓는다. 한 주먹이면 되려나. 그건 번거롭게 속만 게워내야 할 뿐이다. 그럼 한 통쯤 털어 넣는다면 그녀는 원하는 대로 영원한 잠에 들 수 있을까.

그녀에 대한 상상이 사라져갈 때쯤, 배가 퉁퉁한 중년 남자가 걸음을 터벅거리며 약국에 들어섰다. 그는 포커판에서 판돈을 거는 도박꾼처럼 혈압약인 로잘탄을 받고, 메토프로롤을 더 얹었다. 알약들은 오렌지색 통으로 착착 군화 소리를 내며 전투를 위해 걸어 들어갔다.

좋은 것도 과하면 위험하다. 맛있는 음식도 그렇고, 권력도 그렇다. 신께서 바다가 땅을 덮치지 못하도록 그 한도를 정하신 이유는 필요한 만큼만 가지란 뜻이다. 그 선을 함부로 넘는 자들은 배탈이 나 위아래로 넘치게 먹었던 것 모두를 쏟아내야만 한다. 도박판에서 돈을 따도 결국 더 많은 것을 잃게 되는 원리가 바로 이것이다.

또다시 내 상상 속에서 그의 건망증이 알약 하나를 더 털어 넣게 한다. 평소보다 맥박이 느려지고 혈압도 떨어진다. 고혈압으로 쓰러지면 병원에 옮길 수라도 있지, 저혈압은 쓰러지면 그 자리에서 죽기 일쑤라던데.

중년 남자가 다시 터벅거리며 약국을 나가고, 이번엔 머리가 희끗희끗한 노인이 부자연스러운 동작으로 약국에 들어섰다. 잠시 후 그는 몇 불 안 되는 약값 흥정을 위해 약국이 떠나가라 소리를 높였다. 약값은 보험회사에서 정해주는 거라 약사 마음이 아니라고 아무리 설명해도 그는 막무가내였다. 그런데 그가 갑자기 주변을 힐끗 둘러보다가 목소리까지 낮추며 상체를 약사 쪽으로 가까이 밀어 넣었다. 하지만 불행히도 약국 안이 너무 조용한 나머지 내 귀에도 그 비밀 이야기가 새어 들어왔다. 그는 파란 다이아몬드를 찾고 있었다. 한 알에도 고가에 팔리는 그것, 비아그라를 위해 드디어 그의 지갑이 열리고 프랭클린이 음흉한 미소를 지었다. 그는 약사가 묻지도 않았는데 이것은 그저 심장 때문에 복용하는 것이라며 변명했다.

모든 약은 작용과 부작용이 있다. 그리고 때로는 생각지 못했던 좋은 부작용도 존재한다. 세상사도 그렇지 않던가. 내가 선택한 길에 예상 그대로의 작용도 존재하지만 예상하지 못했던 부작용이 따르기도 한다. 약사 말의 단 몇 퍼센트만 걸린다는 부작용. 하지만 반대로 생각해 보면 내가 그 안에 들어가지 않을 거란 보장도 없다. 그리고 나쁘기만 할 거로 생각했던 부작용이 작용보다 더 좋은 결과를 가져온다면 그것은 웃어야 할지, 울어야 할지.

그런 이유로 작용과 부작용은 욕심과 직결된다. 사람들은 더 좋은 작용을 얻기 위해 큰 부작용도 마다하지 않는다. 눈에 보이는 커다란 작용만 붙들기 때문이다. 인생에서 그 어떤 부작용도 만나지 않을 거란 믿음은 평소 내 미래에도 걸지 않았던 도박일 뿐이다. 욕심은 죄를 낳고, 죄는 사망을 낳는다더니, 인간은 욕심의 부작용으로 모두 죽는가 보다.

내 상상 속에서 그는 파란 다이아몬드를 서둘러 삼킨다. 그런데 궁금한 것은 과연 그것이 그의 심장에 작용했을까, 아니면 신세계를 여는 부작용이 일어났을까. 다만 복상사로 볼썽사납게 병원 가는 일만 일어나지 않았으면 좋겠다.

약사가 드디어 내 이름을 불렀다. 내가 받은 약은 위장약, 오메프라졸 20밀리그램이다. 그것은 한 통을 다 털어 넣어도, 한 알을 더 먹어도 나를 영원한 잠이나 신세계로 이끌지 않는다.

이제 서서히 수그러드는 등의 온기가 냉기로 바뀌며 내 안에 없던 병도 나라, 나라 한다.

나는 위험한 상상을 한다. 한가한 약국에서.

비트겐슈타인식 연말정산법

•
•
•

한 해를 지나며 나의 시간을 돌아보는 도구들을 꺼냅니다. 비커, 핫 플레이트, 양팔 저울, 풍선입니다.

일단, 시간을 모조리 비커에 담아 끓여 봅니다. 찻물을 끓이듯 말이죠. 차는 비커에 마시는 게 아니라고요? 괜찮습니다. 염려 마세요. 훨씬 정직한 시간이 될 것입니다. 시간이 흐를수록 표면에 거품이 생깁니다. 이건 필요 이상으로 부풀려진 시간입니다. 과시하기 위해 꾸며지고, 가려진 시간이지요. 이건 오차를 만들 수 있으니 일차적으로 모두 걷어내겠습니다.

이런, 불순물이 들어갔나 봅니다. 누군가를 미워했던 마음, 용서하지 못했던 마음, 정죄했던 마음은 불순물을 만들어 내기 마련이죠. 이 시간은 절대 100도에서 끓지 않습니다. 특이점이라면 끓는 점이 높고, 끓어오르기까지의 속도가 매우 가파르다는 것이죠. 그만큼 실수도 잦은 시간입니다. 그렇기에 이것은 따로 추출해야 합니다. 꼼꼼히 기록하고 오래도록 기억하여 다음번엔 이런 불순물이 생기지 않도록 해야 하기 때문입니다.

이제 그 나머지를 끓이고, 끓이고, 또 끓입니다. 이 과정에서 평범한 시간은 모두 과거 속으로 사라집니다. 그러고 나니, 드디어 짠 내 나는 시간이 소금 결정체를 남겼습니다. 그것은 아름답게 반짝입니다. 수정 알갱이보다, 다이아몬드보다 더 아름답습니다. 제가 뭐랬어요? 훨씬 정직한 시간이 될 거랬죠?

그럼 소금의 염도를 측정해 볼까요? 복잡한 과정이 필요하겠지만 우리의 입맛을 한번 믿어 봅시다. 행복한 시간은 구운 소금처럼 짠맛이 덜하네요. 반면 고통스럽고 힘든 시간은 몸서리칠 정도로 짜군요. 올 한해 소금의 염도는 작년 이맘때보다 눈에 띄게 순해졌어요. 이렇게 한 해의 염도는 언제나 다르답니다.

이번엔 무게를 재기 위해 양팔 저울을 책상 한가운데에 둡니다. 오른쪽엔 가족들과 함께 한 시간을 올려놓고, 왼쪽엔 나를 위해 쓴 시간을 올려놓습니다. 더 노력했음에도 불구하고, 올해도 양팔 저울은 왼쪽으로 기울어졌네요. 결과를 기록하는 손이 현기증을 일으키는군요.

또한 땀방울을 모아 넣은 비커를 한쪽에 올려놓습니다. 그리고 성과의 시간을 반대쪽에 올려놓습니다. 다행히도 올해는 양팔 저울이 허수아비처럼 수평으로 팔을 뻗고 있네요.

그런데 풍선은 대체 어디에 쓰는 도구냐고요? 그건 바로 이렇게 사용하는 거랍니다. 크게 숨을 들이마셨다가 슬펐던 시간을 불어 넣어 보세요. 풍선이 내 몸 하나 띄울 수 있을 만큼 크게 부풀어 올랐습니다. 이번엔 기뻤던 시간을 불어 넣어 봅시다. 그건 겨우 주먹만 하군요.

자, 올해의 작업도 이렇게 끝났습니다. 다시 도구들을 잘 정리해 넣어야 할 시간입니다. 내년에 또 써야 하니까요. 이제 모든 결과를 잘 적어 2020이라고 쓰인 서랍 속에 집어넣습니다. 그 옆에 벌써 2021이라고 쓰인 서랍도 보이네요. 그것은 아직 두려워서 열어볼 자신이 없습니다. 하지만 이상하게도 가슴이 설렙니다. 물론 어렵겠지만, 내년엔 확실성, 확률, 지각知覺에 관해서도 측정해 볼 요량입니다. 인생을 더욱더 정직하게 측정할 수 있는 새해가 되었으면 해서요.

그러면 내년 작업 때 다시 뵙겠습니다.

세계는 사물의 총합이 아니라 사실의 총합이다.

–비트겐슈타인–

난해시 씹어먹기

머리가 난해시 하나를 먹은 것처럼 복잡하다. 밀린 글들이 차례를 기다리며 자꾸만 등 뒤에서 기웃거린다. 마감이 코 앞이다. 온종일 자판을 두드려도 될까 말까 한데 딸아이 학교에 와 있다. 펀드레이징을 겸한 달리기 행사란다. 굳이 참석 안 해도 되는 걸 아이의 성화에 못 이겨 와 앉아 있다. 초조함에 안 되겠다 싶어 랩톱을 켠다. 하지만 빈 워드 창을 열어 놓고 손가락은 한 발짝도 움직이지 않는다. 달리라고, 어서 달리라고, 시간이 없다니까. 손가락을 채근한다. 그때, 갑자기 와! 하는 소리에 고개를 들었다.

아이들이 달린다. 10여 명의 아이들이 시계 반대 방향으로, 하얀 선을 따라 달리고 있다. 아이들의 달리기. 그런데 기억 어딘가에서 어렴풋이 이런 장면을 본 것 같다.

첫 번째 아이가 뛴다.
두 번째 아이도 뛴다.
세 번째 아해가 뛴다.
네 번째 아해도 뛴다.
다섯 번째 아해가 질주한다.
여섯 번째 아해도 질주한다.
일곱 번째 아해가 무섭다고 한다.
여덟 번째 아해도 무섭다고 한다.
제9의 아해가 무섭다고 한다.
제10의 아해도 무섭다고 한다.
제11의 아해가 무섭다고 그러오.
제12의 아해도 무섭다고 그러오.
제13의아해도무섭다고그러오.

난 어느새 이상의 〈오감도〉 제1호 시 안에 들어와 있다. 그곳에서도 아이들이 달리고 있다. 좁은 골목, 이름도 알 수 없는 13명의 아이들. 턱까지 차오른 숨소리가 귓가에 생생히 들리는 듯하다. 그러다 문득 그런 생각이 들었다. 혹시 이상은 이 시를 그저 나처럼 눈에 보이는 대로 쓴 건 아닐까?

아이들이 골목을 달리고, 달리는 아이들은 저마다 달리기에 대한 두려움을 안고 있다. 달리기의 속성이 그렇다.

출발 신호를 기다릴 때면 심장은 터져나갈 것만 같고, 할 수만 있다면 이 자리를 피하고 싶은 공포가 밀려온다. 그리고 머릿속을 가득 채우는 생각들. 꼴찌로 들어가면 어떡하지? 이렇게 많은 사람이 쳐다보고 있는데 창피해서 어떡하지? 넘어지면 어떡하지? 순발력이 없어 출발이 늦어지면 어떡하지? 신발이 벗겨지면 어떡하지? 그런 생각만으로도 이미 눈물이 날 것만 같다.

결국 그 안에는 달리는 걸 즐기는 무서운 1, 2, 3등이 있고, 잘 못 달려서 무서워하는 나머지 아이들이 있다. 그게 막힌 골목에서 하는 달리기든, 뚫린 운동장에서 하는 달리기든 상관없이 아이들의 달리기는 항상 그런 식이다.

이 시에 대해 저마다의 복잡한 해석을 내놓은 사람들의 글을 읽었다. 워낙 난해해서 정확한 해석이 아직 없고, 그래서 수능 문제로도 출제될 수 없는 시. 그런데 그 의미는 애초부터 없었던 건 아닐까. 이상에 대한 우리의 높은 관심과 기대가 그의 시를 과대평가하진 않았을지. 흰 종이에 점 하나만 찍어도 여백의 미가 어쩌고저쩌고하는 평론가를 만날 때마다 드는 생각처럼. 반대로 유명한 예술가는 거 봐, 사람들이 예술에 대해 뭘 알겠어. 유명해지기만 하면 똥을 싸도 손뼉을 친다니까, 하며 관객들을 비웃을지 모른다. 어꺴든 그들 가운데 나 같은, 복잡하게 생각하지 못하는 단순한 또라이가 하나쯤 있어도 괜찮지 않을까.

그제야 내 손이 자판 위에서 달릴 목적을 찾은 것 같았다. 뚫린 생각 위에 이번엔 반드시 1등을 놓치지 않을 거라는 듯, 속도에 박차를 가한다. 하지만 이젠 2등이어도 좋다. 아니, 내 손이 질주하지 않아도 좋다. 사람들에게 내 글이 인정받지 않아도 좋고, 내가 쓰고 싶은 건 1안이어도, 2안이어도 상관없이 좋다. 때론 글을 쓰지 않아도 좋다. 비로소 난 그 강박감이 주는 공포에서 벗어나려 한다. 인제야 글이 내게 주는 자유다.

딸아이가 결승선으로 들어온다. 한 네 번째쯤 되었던 그 아이. 달리기의 두려움을 이겨낸 그 아이에게 일어나 손뼉을 쳐 주었다. 그리고 돌아오는 차 안에서 이상의 〈오감도〉를 직접 들려줘 봤다. 그저 아이의 견해가 궁금했다. 사실, 그냥 이게 뭐야, 정도를 기대했던 것도 같다. 아니면 나처럼 처음부터 의미 없는 시가 아닐까, 라고 해도 충분히 만족할 만하다고 생각했다. 하지만 평소에도 늘 평범한 예측을 거부하는 딸아이의 대답은 오늘도 날 놀라게 했다.

“엄마, 이 시는 목적에 대한 시 같아. 목적 없이 달리는 사람은 언제나 두렵잖아. 하지만 목적을 갖고 달리는 사람은 전혀 두렵지 않지. 그게 어떠한 상황(뚫린 길이나 막힌 길이나)에서도 같을 거고. 또 때로는 사람이 굳이 목적을 갖고 살지 않아도 된다고 생각해. 그리고 어쩌면 저 시는 처음부터 의미가 없었을 수도 있고. 한마디 더 하자면, 보통 저런 시를 쓰는 시인들은 대체로 우울증을 가지고 있는 경우가 많아. 정신적으로 아주 힘들어 하거나. 하지만 시는 참 흥미롭네. 재미있어."

순간, 난 그 아이가 무서운 아해, 나는 무서워하는 아해가 아닐까 생각했다.

(다른사정은없는것이차라리나았소)

옥수수 가루 위의 참새

발길이 떨어지지 않았다. 프라하의 돌담길 밑에 앉아 있던 사내. 바닥에 대충 펼쳐 놓은 악보 몇 장. 그리고 춤곡이지만 묘하게 구슬펐던 그의 아코디언 연주. 내가 그를 스쳐 지나간 시간은 고작 1분이었다. 그 선율은 내 마음을 단번에 사로잡았다. 하지만 거기에 멈춰 서서 연주를 끝까지 들을 순 없었다. 함께 여행 온 일행들이 눈앞에서 점점 사라지고 있었기 때문이었다. 조금만 더, 라고 버티고 싶었지만, 프라하 시내 한복판에서 국제 미아가 될지도 모른단 염려가 자꾸 내 등을 떠밀었다.

내 기억력은 썩 좋지 않다. 그러나 정말 신기한 건 그 멜로디가 머릿속에서 잊히지 않는다는 것이다. 오히려 트라

우마에 시달리는 환자처럼 종종 그 기억으로 인해 간절한 소원의 열병을 앓곤 했다. 그게 대체 무슨 곡인지 정말 알고 싶었다. 처음엔 동유럽의 작곡가들을 찾아봤다. 동유럽의 음악은 서유럽의 것과는 사뭇 다른 분위기를 풍기기 때문이었다. 뭐랄까, 단조의 분위기를 흘리면서도 군가 같은 속도감이 있었다. 그래서 어떨 땐 너무 솔직한 감정을 드러내는 서유럽의 음악보다 진심을 숨기는 듯한 동유럽의 음악에 더 큰 매력을 느낄 때도 있었다.

무려 17년이다. 온전히 기억에 각인된 멜로디는 총 16 마디. 그건 꼬리에 도돌이표를 단 것처럼 내 시간 속에서 무한 재생되고 있었다. 혹시 내가 잘못 기억하고 있는 건 아닐까, 내가 죽기 전에 그 멜로디의 머리카락이라도 스칠 수 있을까, 그래서 답답함인지 그리움인지 모를 이 감정을 시원하게 정의할 날이 오긴 할까. 그러면서도 막상 그걸 찾았을 때 바로 이거야, 라는 확신이 들지 점점 헷갈리기 시작했다.

찾고 기다리는 건 한 묶음이라는 생각이 든다. '찾다'와 '기다리다'는 동의어도 아니고, 유사어도 아닌데 왠지 옆에 붙여 놔도 어색하질 않다. 찾는 게 꼭 기다림을 수반하는 것도 아니고, 기다린다고 해서 다 찾아지는 것도 아닌데 사람들은 찾다가 기다리고, 기다리면서 또 찾는다. 그게 사람이든, 물건이든, 이상이든, 시간이든 그런 건 중요치 않다. 단지 기다린다는 건 언젠가 찾을지도 모른다는 희망이며 찾는다는 건 그래도 기다릴 수 있다는 또 다른 희망일 테니까.

미국 내 사설탐정이 그렇게 많을 줄 몰랐다. 사실 그 중엔 말이 탐정 사무소지 실질적으론 흥신소 정도밖에 안 되는 곳도 많을 것이다. 참 좋은 세상이다. 자판 몇 개만 두드리면 여기저기서 사람을 찾아주겠다고 손을 뻗어 호객행위를 한다. 찾고 싶은 사람의 이름, 결혼 여부, 생년월일, 전에 살던 주소지, 사용하던 전화번호 등을 기입하기만 하면 찾을 수 있단다. 유료 서비스가 대부분이지만 무료로 해 준다는 곳도 많다. 하지만 내가 아는 정보는 얼마 없다. 그마저도 확실치 않다. 그래서 빈칸에 아무것도 적지 못하고 있다.

아버지의 형, 나에겐 큰아버지. 20대 초반에 카투사로 복무했단다. 전주에만 있던 사람이 어쩌다가 카투사가 되었는지도 모를 일이지만, 학교에서 주먹깨나 날리던 분이 영어를 어디서 배웠는지도 궁금했다. 좌우지간 젊은 나이에 선진문물들을 접했고, 미군과 연계해 장사하는 사람들도 만나게 되었다. 하지만 그것이 화근이었다. 사업 자금을 대어 달라고 할아버지께 찾아갔던 큰아버지는 크게 혼만 나고 말았다. 경찰 공무원이었던 할아버지께 많은 돈이 있을 리 없었다. 더구나 아래로 자식이 넷이나 더 있으니 돈을 허투루 쓸 수도 없으셨을 것이다.

큰아버지는 그날로 집을 나가 소식이 끊겼다. 오랫동안 큰아버지의 이름을 호적에서 지우지 않았던 할아버지께서는 돌아가시기 몇 해 전, 보험 문제로 어쩔 수 없이 큰아버지의 사망 신고를 했다. 가족 중 누군가가 지금까지 찾아오지 않는 걸 보면 죽은 게 틀림없다고 했다. 그러자 할머니께서는 큰아버지가 집을 나간 뒤 얼마 후 꿈속에 한 번 나타났었다고 그 근거를 대셨다. 그렇게 큰아버지의 죽음은 어느 순간부터 오늘이 가면 내일이 온다는 말보다 더 당연하게 여겨졌다.

아버지는 큰아버지가 미군들과 가까이 지냈으니 그들을 따라 미국에 갔을지도 모른다고 했다. 그 말에 혹시나 하는 마음으로 미국 내 사설탐정을 찾은 것인데 생각해 보니 원래 가진 호적을 두고 미국으로 넘어갔다면 다른 사람의 이름으로 살고 있을지도 모른단 생각이 들었다. 자기 이름을 계속 쓴다 해도 영어 이름으로 바꿨을 가능성도 있다.

빈칸에 큰아버지의 이름과 생년월일만 집어넣고 검색했다. 몇 사람이 뜨긴 했지만 모두 큰아버지는 아닌 것 같았다. 이번엔 포털사이트 검색 창에 이름과 나이를 집어넣고 다시 찾아봤다. 검색 결과에 뜬 사진들을 한 장씩 보며 혹시나 하는 마음으로 얼굴을 유심히 살폈다. 이 사람도, 저 사람도 다 비슷해 보였다. 그러면서도 막상 큰아버지를 찾았을 때 바로 이분이야, 라는 확신이 들지 점점 헷갈리기 시작했다.

여느 때처럼 글을 쓰기 위해 유튜브에서 음악을 틀었다. 요즘 즐겨 찾는 음악 채널은 피아니스트가 직접 연주한 것에 악보 화면을 입힌 영상이다. 하나를 틀면 연달아 다음 곡으로 계속 넘어가도록 설정해 놓고 글을 쓰기 시작했다. 그런데 몇 곡이 지나서 익숙한 멜로디가 들려왔다. 얼른 유튜브 창을 열었다. 브라질 작곡가 제키냐 아브레우의 〈옥수수 가루 위의 참새〉라는 곡이었다. 브라질에 사는 친구를 체코에서 찾은 꼴이다. 갑자기 오랜만에 반가운 친구를 만난 것처럼 감정이 차올랐다. 영원히 찾을 수 없을 거로 생각했는데 이런 우연이라니.

미국에서 큰아버지를 찾는 건 힘들겠다고 아버지에게 말했다. 그랬더니 이번엔 아버지께서 또 다른 가능성을 제기해 오셨다. 혹시 배를 타고 일본으로 간 게 아닐까? 이제는 일본 사설탐정을 찾아봐야 하나 잠깐 고민했다. 어쩌면 큰아버지가 아직 살아있을지도 모른다고, 피치 못할 사정이 있어 연락을 못 하는 것뿐이라고 믿으며 다시 찾고, 기다리게 될지도 모르겠다.

프라하의 돌담길. 바닥에 악보 몇 장이 대충 깔려 있다. 선선한 바람을 타고 퍼져가는 아코디언 소리를 들으며 그 사내 앞에 서 있다. 이번엔 반드시 끝까지 들을 거라고 다짐하면서. 그러다가 그 사내가 연주를 마치고 얼굴을 들면 난 소리를 지를지도 모른다. 기다리던 것은 옥수수 가루 위에 참새가 날아들 듯 너무나 당연하고도 우연하게, 인생의 명장면처럼 찾아오기 마련이니까.

크리스마스트리를 아시나요

• • •

채 자라지 못한 초록 세모들이 줄지어 서 있다. 서너 살 아이만 한 것은 앞줄에, 성인의 키를 훌쩍 넘는 것은 뒷줄에 모두 키순으로 열 맞춰 있다. 마치 아침 조회하러 운동장에 모인 아이들 같다. 그들은 자신이 가을까지 부지런히 자라 세상에서 가장 멋진 초록 세모들이 될 거란 걸 알고 있을까. 온몸에 알록달록 작은 전구들을 두르고, 가지각색 화려한 장식을 달고, 머리 위엔 빛나는 메시아의 별을 얹은 자신들의 모습을 과연 상상할 수 있을는지. 그런데 어쩌면 저들 중 몇은 남다른 크리스마스트리를 꿈꾸고 있을지도 모른다. 그래서일까. 가지마다 가로, 세로도 아닌 빗금을 그으며 궁금증이 뾰족한 잎을 낸다.

크리스마스트리를 아시나요?

석유 시추 기사에게 크리스마스트리란 생산 중인 유정의 윗부분에 있는 채유량 조절 장치다. 그것은 반짝이는 전구나 화려한 장식 대신 압력계와 각종 밸브, 파이프 등으로 이루어져 있다. 예쁘지도, 낭만적이지도 않다. 하지만 역할의 중요도로 따진다면 별 다섯 개를 모두 주어도 아깝지 않다.

크리스마스트리를 아시나요?

볼링 선수는 크리스마스트리를 좋아하지 않는다. 볼링 용어로 크리스마스트리란 2, 7, 10번 혹은 3, 7, 10번 핀만 남은 스플릿이기 때문이다. 이 경우, 핀들이 삼각형 구조로 흩어져 있어서 스페어 처리가 매우 힘들다. 중요한 경기에서 이 크리스마스트리를 만난다면 그 결과를 실력보단 운에 맡겨야 할 것이다.

크리스마스트리를 아시나요?

자동차 정비사에게 크리스마스트리는 출발 신호를 하는 전기식 표시등을 말한다. 그리고 투자 관리사에겐 옵션의 매도거래수가 매수거래수보다 크며, 매도되는 옵션이 두 개 이상의 상이한 행사가격을 가지는 경우를 뜻한다.

질문을 바꿔본다. 당신이 이해하는 것과 내가 이해하는 것은 같습니까?

언젠가 '이과와 문과의 차이'라는 유머를 읽은 적이 있다. 이과 출신인 나도 동의할 수 있는 내용일까 내심 기대하며 글을 읽어 내려갔다. 그런데 신기하게도 나 역시 이과 쪽에 줄 서 있는 단어들에 고개가 끄덕여졌다. 염소는 화학원소 17번, LiFe는 철화리튬, 눈이 녹으면? 물이 된다, 와 같은 식이었다. 그리고 이것을 비교하기 위해 문과 쪽에 줄 서 있는 단어들을 봤다. 거기엔 염소는 음매 하고 우는 동물, LiFe는 삶, 눈이 녹으면? 봄이 온다, 라고 적혀 있었다. 이렇게 몇 가지 단어조차도 얼마나 다른 시각, 생각 차이를 보이는지. 이과생과 문과생의 두뇌 구조가 완전히 다르다는 증거를 들이미는 것만 같았다. 갑자기 머리가 가로, 세로도 아닌 빗금을 그으며 기울어진다.

우리는 늘 이타적으로 살아야 한다고 말하지만, 사람은 어쩌면 철저히 이기적인 존재일지도 모른다. 오직 자신의 입장에 비추어 타인을 보기 때문이다. 다른 식으로 말하자면 나라는 거울을 통하여 상대방을 보는 것이다. 우리는 누구나 자신이 살아온 배경, 환경, 경험이 만들어낸 질기고 두꺼운 옷을 입는다. 그것은 좀처럼 쉬이 찢어지지도 않을 뿐더러 입은 사람에게 자기방어의 구실이 되기도 한다. 다만 자신의 이기가 타인의 경계석을 넘지 않길 바랄 뿐이다.

이 세상 모든 사람이 똑같은 크리스마스트리를 떠올릴 거란 생각 또한 편견이지 않을까. 염소라고 했을 때, 모두 동물인 염소를 떠올리지 않는 것처럼 남다른 시각의 사각지대는 반드시 생기는 법이다. 사람은 각자 자기가 사는 우물 안에서 올려다본 한 평짜리 하늘을 믿으며 살아가기 때문이다.

같은 것을 보며 다른 생각을 할 수 있기에 수많은 발명품이 나오고, 다양한 예술작품이 탄생한다. 때론 다른 사람의 크리스마스트리 이야기를 들어보는 것도 재미있는 경험이 될 것이다. 생각의 지경을 넓히는 놀라운 방법이다. 그들의 거울에 나를 비춰 보면 어떤 모습일지 상상해 보는 것도 나쁘지 않다.

차창 밖으로 드디어 초록 세모가 만든 줄의 끝이 보인다. 저마다 남다른 크리스마스트리를 꿈꾸며 뾰족한 잎들을 사선으로 내고 있다. 마지막 인사를 건네는데 바람을 타고 또 하나의 물음표가 날아든다.

당신의 크리스마스트리는 무엇인가요?

머리가 다시 가로, 세로도 아닌 빗금을 그으며 기울어진다.

사실 버섯은

⁝

말도 안 돼. 말콤 박사가 귀신이었다니!

역사에 길이 남을 반전의 시작이었다. 귀신을 본다는 소년, 콜을 영화 내내 치료하던 말콤 박사가 사실은 이미 죽은 사람이었다는 결말. 그건 아직도 온몸에 짜릿한 충격을 안겨 준다. 그뿐인가, 요즘같이 복잡한 반전이 유행하는 시대에도 툭하면 〈식스 센스〉급 반전이란 대명사로 사람들 입에 곧잘 오르내리곤 한다.

아리스토텔레스는 시학 제 6장에서 반전은 비극의 가장 강력한 정서적 호소력의 수단, 이라고 말하고 있다. 기원전 300년대를 살던 사람들도 그 묘미를 알았다는 것이니 어쩌면 반전은 인간이 느낄 수 있는 최고의 기대치에 도달하게 해 줄 고도의 장치일지도 모른다.

말도 안 돼. 그녀가 유방암에 걸렸다니!

조용한 밤에 날아든 소식이었다. 그녀는 나와 나이도 비슷하고, 똑같이 아이를 키우고 있는 엄마이기도 했다. 그래서인지 내게 이 상황은 전혀 남 일 같지 않았다. 그녀의 인생에 찾아 든 절대 반갑지 않은 반전. 그 이야기는 우리의 바람과는 달리 전혀 상상도 못 했던 쪽으로 방향을 틀었다. 암은 이미 양쪽 가슴 그리고 림프샘으로까지 번져 있었고 속히 치료를 시작해야 할 정도로 위급한 상황이었다.

다음날 당장 찾아간 내 앞에서 그녀는 울며 말했다. 너무 외로워. 아프다, 믿을 수 없다, 도 아니고 외롭다, 라니. 차라리 아프다고 했으면 더 나았을까. 그녀의 말에 한동안 연락을 하지 못했던 나 자신이 너무 잔인하게 느껴졌다. 마치 〈수단의 굶주린 소녀〉라는 사진을 찍어 퓰리처상을 받았던 케빈 카터처럼 인간성이란 심판대에 올라선 것만 같았다.

부모님과 아이들 때문에 집에 들어가지도 못하고 동네를 몇 바퀴씩 돌며 울었단다. 남편은 고단했던 그녀의 삶을 누구보다 더 잘 알기에 미안하단 말 밖엔 해 줄 수 없었을 것이다. 그녀를 꼭 끌어안고 간절한 마음으로 기도했다. 내 어깨에 기댄 그녀의 몸이 젖은 스펀지처럼 무겁게 가라앉았다. 위로의 말조차도 감히 입 밖으로 토해낼 수 없었다. 결국 어떤 위로를 건네도 모든 과정을 그녀 홀로 견뎌야 할 테니 외롭다던 그 말도 아주 틀린 건 아니다.

조금이라도 도움이 되고 싶어 항암 작용이 뛰어나다는 버섯을 구해 보내줬다. 그리고 잘 달여서 매일, 자주 마시라고 당부 문자도 보냈다. 그런데 여기엔 또 하나의 반전이 숨어 있다. 버섯은 사실 나무의 암이라는 것. 나무에 상처가 나면 그사이에 균이 들어가 기생하며 덩치를 키워간다고 한다. 그래서 결국 숙주 나무는 버섯에 영양분을 다 빼앗기고 서서히 죽어가게 되는 것이다. 그런데 나무의 암인 버섯이 사람의 암을 낫게 하는 최고의 명약이라니 자연에서 좋은 것과 나쁜 것의 경계는 매우 희미한 듯하다.

난 이제 또 다른 반전을 기대한다. 높으신 분의 은혜와 그녀를 사랑하는 사람들의 기도와 이 버섯의 효과가 그녀의 암세포를 완전히 없애주기를 바란다. 이제 발단을 지나 전개로 넘어가는 이 이야기에 우리의 바람이라는 최대의 기대치에 도달하게 해 줄 고도의 장치를 기다린다.

몇 년이 지난 시간 속에서 그녀와 함께 마주 보고 있는 상상을 했다. 과연 이 이야기는 〈식스 센스〉급 반전에 성공했을까? 그녀의 웃는 얼굴을 보아하니 그 답을 알 것만 같다.

속보

•
•
•

아저씨, 위험해요. 얼른 내려오세요.

괜찮다. 안 그래도 곧 내려가야만 한단다.

그런데 거기는 어떻게 올라가신 거예요?

어찌어찌하다 보니 올라오긴 했다. 하루하루 성실히 오르긴 했는데, 다 올라오니 추락하는 것만 나를 기다리고 있구나.

설마 뛰어내릴 건 아니시죠?

글쎄. 그럴만한 용기가 아직도 내게 남아 있는 건지 모르겠구나. 나이가 드니 용기도 점점 사라져.

저는 어른이 되면 더 용감해질 수 있을 줄 알았는데, 아닌가 봐요? 사실 저는 날마다 용기를 달라고 기도하고 있거든요.

지킬 것이 많다는 것은 용기 있는 발걸음을 멈추게 하는 경우가 많지.

무엇을 지키시는데요?

처음엔 사랑하는 사람들이라고 생각했는데, 시간이 점점 흐르니 결국, 다 나를 위한 것이더구나. 내가 이루어 놓은 것들을 뺏기고 싶지 않아서라고 해 두자.

그런데 그 우산은 왜 들고 계세요? 오늘은 날이 아주 맑은데요.

그냥 내려가는 데 도움이 좀 될까 해서.

설마 그 들고 있는 우산이 낙하산처럼 아저씨 몸을 둥실둥실 뜨게 할 거로 믿는 건 아니시죠?

지금 내게 이 추락을 더디게 해 줄 무언가가 필요하긴 하지.

그렇다면, 우산은 권하지 않을래요. 저도 한번 해 봤었는데요. 팔, 다리만 부러져 고생했어요. 이 이마에 번개 모양 흉터 보이시죠? 이것도 그때 난 거예요.

얘야, 넌 꿈이 뭐니?

제 꿈은 자동차 회사 사장이 되는 거예요! 멋지지 않나요? 남자는 역시 자동차라니까요.

멋지구나. 그럼 그때는 나처럼 우산 말고, 튼튼한 낙하산을 꼭 챙기렴. 추락할 때 덜 아프도록.

비행기도 아니고, 자동차에 무슨 낙하산을요. 아, 아저씨, 저 지금 가 봐야 해요. 꼭 안전하게 내려오세요. 알았죠?

아이가 떠난 후, 그 텅 빈 자리를 내려다보는 남자를 상상했다. 쓸쓸한 그의 이마엔 오래되어 희미해진 번개 모양 흉터만이 남아 있었다. 성공과 행복은 비례할까, 반비례할까 고민하며 컴퓨터 화면 속 뉴스를 다시 읽어 내렸다.

속보

B 자동차 코리아 사장 자살. 10년 동안 우울증 앓아.

행운을 빌어요

장보고 나오니 와이퍼에 하얀 종이가 꽂혀 있었다. 작은 메모지엔 영어 필기체로 세 줄의 글이 적혀 있었다. 하지만 도통 이해할 수가 없었다. 글씨체가 심하게 흔들렸기 때문이다. 제대로 보이는 건 첫째 줄의 'You have a low…'와 둘째 줄의 'Pass…' 그리고 셋째 줄의 'Good Luck!'이었다.

첫 번째 줄을 읽으며 바퀴 바람이 빠졌다는 건가 했는데 아무리 봐도 'low' 옆의 글자가 'tire'라고 보기엔 무리가 있었다. 그것은 오히려 'real'에 가까웠다. 둘째 줄도 가만히 보니 'Pass line'처럼 보였지만, 그것도 'line'이 맞는지 정확하지 않았다. 그런데 그다음 줄은 심지어 'Good luck!'이라니. 나만 그런가 싶어 딸에게도 보여줘 봤지만, 고개를 갸

우뚱할 뿐이었다.

그때부터였다. 내 정수리에 싹이 트기 시작한 건. 그 싹은 점점 자라 금세 나무의 모양을 갖춰갔다. 그리고 앙상한 가지 하나가 오른쪽으로 사선을 그으며 쭉 뻗어 나왔다. 이것은 분명 노인의 글씨체다. 바싹 말라 손가락마저 잘 굽어지지 않는 손이 글씨를 써나갔다. 노인은 흔들리는 손을 제어하려 펜대를 꽉 잡고 메모지에 집중했을 것이다.

두 번째 줄을 읽기 시작했을 때, 또 하나의 굵은 가지가 왼쪽으로 펴져 나갔다. 'Pass line'이라고 썼다면 혹시 내가 선을 넘겨 차를 세웠다는 건 아닐는지. 물론 문법에 맞지는 않지만, 영어에 서툴 수도 있다는 가능성을 열어 뒀다. 그런데 그렇게 생각하니 마음이 몹시 불편해지기 시작했다. 이미 집에 돌아와 버려서 차를 어떻게 세웠었는지 기억도 잘 나지 않았지만, 만약 선을 조금 넘었다고 할지라도 그게 메모를 남길 정도로 심각한 일인가. 두 번째로 뻗은 굵은 가지는 다시 양쪽으로 검은 실가지를 냈다. 주차에 대해 불평했다면 노인은 분명 남자일 것이다. 그리고 메모까지 남긴 걸 보니, 그는 온갖 참견을 다 하는 깐깐한 할아버지일 거로 생각됐다.

세 번째 줄로 내려가자, 나무는 또 다른 어그러진 가지를 위로 밀어냈다. 깐깐한 할아버지는 내 차 옆에 주차했다.

그리고 내리려다 보니 내 차가 선을 넘어 문 열기가 불편했다. 이 상황을 절대 그냥 넘길 수 없다고 생각하며 차 안에서 메모지를 찾았다. 그리고 한 장 찢어 '넌 주차선을 넘었어.'라고 경고했다. 그리고 다른 차들이 문을 열다가 내 차를 확 찍어 버리길 바랐다. 그 생각 끝에서 '행운을 빈다!'라며 조롱 조로 마지막을 장식했다. 정말 고약한 할아버지라고 생각하는 순간, 나무는 온몸을 부르르 떨며 사방으로 검은 가지를 냈다.

남편이 들어오는 소리가 났다. 하지만 난 생각의 뿌리를 더 깊숙이 박고, 하늘이라도 뚫어 버릴 기세로 가지를 뻗어 냈다. 그런데 혼자 씩씩거리던 날 보며 남편이 말했다.

"당신 차 바퀴에 바람 빠졌던데. 못이 박혔어. 일단 스페어타이어로 갈아 끼우고 올게."

문이 닫히는 소리와 함께 검은 가지는 절인 배추처럼 숨죽어 꺾였다. 깐깐한 할아버지는 사라지고, 바쁜 시간에도 메모를 남기고 간 온화한 할아버지만 남았다. 눈 끝을 사정없이 찢어 올리던 마음이 등 뒤로 슬쩍 숨었다.

작년 봄, 10종 모둠 쌈채 씨앗 봉지를 뜯어 긴 화분에 뿌렸다. 그리고 햇볕 잘 드는 자리에 두고 매일 물을 줬다. 시간이 지나자 작은 싹이 흙을 뚫고 머리를 내밀었다. 너무 작아 자세히 들여다봐야 했지만, 확실히 저마다 다른 모습으로 자라고 있었다. 비슷하게 보이는 그것은 싹이 자라며 드디어 정체를 드러냈다. 사람도 그 안에 저마다 다양한 생각을 섞어서 심는다. 씨앗이었을 때는 서로의 정체를 숨기고 있지만, 치커리 같은 생각은 쓴맛을 품으며 자라고, 겨자채 같은 생각은 매운맛을 품으며 자란다. 원치 않는 싹을 키웠다가는 훗날 입에 넣으며 얼굴 찌푸릴 일이 생길지도 모른다.

선한 마음이 자라 나무에 꽃을 피웠다. 그리고 이제 그는 흔들리는 손으로 마지막 줄을 적어 넣는다. 행운을 빌어요. 머릿속 깊이 박힌 생각의 뿌리를 뽑고 나니 지끈거리던 정수리가 산뜻해졌다. 드디어 봄이다.

옜다! 기념품

⋮

여행 간다고 하면 말이야 주위 사람들이 꼭 이런 말을 하곤 해. 기념품 사와! 떠나기도 전부터 어깨가 무거워지는 그 말.

그래서 내 기념품 사 왔어?

이탈리아 속에서 걷고, 숨 쉬고, 느끼는 동안 남은 것이 무엇일까 생각해 봤지.

트레비 분수? 잠실 롯데월드 만남의 광장에 있는 모형을 하도 봐서인지 감흥도 없더군. 〈로마의 휴일〉에서 앤 왕녀 역으로 분扮했던 헵번의 아름다움을 평생 극찬하셨던 우리 엄마는 대사관을 몰래 빠져나온 앤만큼이나 설레고 신나셨어. 확실히 그랬지. 그 앞에서 먹었던 젤라토는 얼마나 유명한지 사람들의 필수 관광 코스처럼 줄을 길게 늘어뜨리고 있었어. 그래, 그것도 정말 기억에 남을만한 맛이었어. 하지만 〈로마의 휴일〉이 탄생시킨 또 하나의 유명지 스페인 광장은 그저 사람과 계단이 너무 많아 무료했다랄까? 일본인들이 많이 찾는다는 남이섬도 〈겨울연가〉 포스터에, 간판에, 동상들이 없어진다면 바로 이런 느낌일 거야. 그리고 폼페이는 역사적 사실을 만났다는 감격보다 그늘 하나 없는 뙤약볕에서 온종일 있었다는 더 끔찍한 기억만이 남았지.

아, 참. 바티칸과 베드로 성당은 가 봤니? 티브이에서 보면 교황이 나와서 손 흔들던 그곳. 웅장한 크기와 이름만 들어도 턱이 툭 떨어지는 유명 예술가들의 작품이 도배되어 있다는 그곳. 그런데 난 하마터면 그곳에 들어가지도 못할 뻔했어. 왜냐고? 반바지를 입고 갔었거든. 그걸 미리 알려주지 않은 가이드를 매섭게 째려보며 발만 동동 구르고 있는데, 주변에서 스카프를 파는 아줌마가 보였어. 성당 앞에서 왜 스카프를 파는지 궁금해하고 있을 때 나보다 앞서서 스카프를 사는 한 커플이 있었지. 그들은 스카프를 하나씩 사서 허리에 치마처럼 둘러 묶고 성당 안으로 입성하는 거야. 아하! 깊은 깨달음을 얻은 나도 잽싸게 가서 하나 샀어. 딱 보기에도 달러샵에서나 살 수 있을 것 같은 촌스러운 문양의 스카프였는데, 가격은 만 원이었는지, 2만 원이었는지. 그래도 어쩌겠어. 찬밥, 더운밥 가릴 처지도 아니고. 얼른 사 둘러 묶고 들어갔지. 그런데 그 스카프가 민소매를 입은 사람들은 슈퍼맨으로 만들어 주고, 반바지를 입은 남자들은 죄다 다소곳한 하와이 처자를 만들어 놨더군. 웅장하고, 조용한 성당 내부에서 들어야 할 가이드 설명은 듣지도 않고, 난 혼자 그 구경에 신나 있었어. 광장에 있는 오벨리스크는 또 어떻고. 이집트의 태양신을 기념하기 위해 만든 거라는데, 베드로 성당과 오벨리스크의 조화라니. 이 또한 얼마나 역설적인 장면이냐고.

그런데 너 그거 알아? 사람들은 무언가를, 어딘가를, 누군가를 항상 기념하려고 하는 것 같아. 기념이라고 하는 말 자체가 오래도록 기억하려고 하는 거잖아. 우리 교회에서도 지난주에 기념 수건을 나누어 주었어. 15주년 행사가 있었거든. 앞으로 그 수건에 손을 닦을 때마다 거기에 쓰여 있는 문구를 읽으며 아, 이 수건은 우리 교회 15주년 행사 때 나눠 준 것이었지, 하며 그날을 기억하겠지? 바티칸 박물관 건물 외벽에 새겨진 누군가의 이름들은 그들에겐 그 순간을 기념하고픈 반칙 같은 낙서이기도 하지. 여행 내내 투덜거리던 엄마와 내가 트레비 분수 앞에서 다정히 찍은 사진도 이때 우리 참 행복했지, 라고 억지라도 부리고 싶은 기억의 몸부림일지도 몰라.

기억과 추억의 가치는 내가 생각하는 것과 많이 달라지기도 해. 참 신기한 일이지. 베드로 성당 안에 들어가 내 의지와는 전혀 상관없이 앞으로 밀려 이동하고 있었을 때, 사도들의 동상이 벽면으로 서 있는 것이 보였어. 그런데 이상한 것은 사람들이 사도들 동상의 발을 만지고 지나가더라고. 가이드 설명을 들어보니, 사도마다 의미가 좀 다르긴 한데, 그 중 베드로 동상의 발을 만지면 행운이 온대. 우습지? 갑자기 제주도의 돌하르방이 떠오르더라고. 돌하르방 코를 만지면 아들을 낳는다고 해서 제주도에는 코가 닳아 없어져 버린 돌하르방이 참 많거든. 베드로 동상의 발도 무늬가 사라질 정도로 반들반들해져 있었어. 하지만 난 그런 건 믿지 않아. 그런데도 나 역시 쓱 만져본 것은 혹시나 하는 호기심이었을까, 아니면 나만 안 만지고 가면 손해지, 하는 억척스러운 욕심에서였을까.

그래도 다 의미 없더라. 우리 할머니 돌아가실 때 보니,

그 벽장 깊숙한 곳, 켜켜이 쌓아 두셨던 앨범들. 할머니께는 기념하고픈 모든 순간이었을 텐데, 누구 하나 챙기려 하는 사람도 없고, 가치와 의미를 두려는 사람도 없고. 다 버려지더라. 내 인생이라는 긴 여행의 끝에선 기념할 것이 뭐 하나라도 남을 수 있을까? 그런데도 계속해서 내 인생의 기념품들을 만들어 내는 내 모습에 작은 의미라도 부여하고 싶어졌어. 그런데 그것이 베드로 성당의 사도 동상은 아니었으면 해. 세계에서 추앙받는 최고의 사도가 발을 만지면 행운이나 가져다주는 신세는 되지 말았어야지. 베드로 성당과 오벨리스크 같은 이것도 아니고, 저것도 아닌, 그런 것도 아니었으면 해. 오히려 그럴 것 같으면 차라리 베드로 성당 앞에서 산 촌스러운 스카프가 더 나을지도. 그런데 너 내 말 듣고 있니?

어? 그, 그럼 다 듣고 있지. 그런데, 그래서! 내 기념품은 사 왔어?

잠시만 기다려 봐봐. 음. 이것도 아니고, 요것도 아니고. 그래, 여기 있다. 옜다! 기념품.

응? 이건 스카프잖아? 이탈리아 명품 스카프야?

베드로 성당 스카프.

뭐? 성당에서 스카프도 팔아? 비싼 거야?

그럼. 비싼 거지.
'그 스카프의 원래 가치보다는 더!'

벚꽃 바이러스

제 글이 보이시나요?

⋮

오늘 나는 K와 이기야를 하며 왠지 만장리성을 마하주고 있는 것 같은 느낌이 들었다. 그는 '아'라고 이기하야면 '어'라고 알듣아는 놀라운 능력을 지녔다. 또한, 반대로 '아'라고 말하면 상방대은 '어'라고 알듣아게 하는 신기한 재주도 함께 지녔다. 소통의 부재다. 소통이 이지어루지 않으면 그 말야로 글과 말은 돼지 목의 진주 목이걸요, 개밥에 도리토다. 화려한 글발과 말발로 치한장다 하여도 그 가치를 인받정지 못하게 된다.

요즘은 한국 정부도 소통의 시대라고 말하며 국과민의 소통을 1순위로 생한각다. 청와대 사트이에 소통의 창을 열두

어고, 최대한 많은 국들민의 이기야를 들려으고 노한력다. 그 많은 이기야를 과연 다 읽까을도 싶지만, 그래도 꽉 막힌 벽과 마하주는 기분은 안 들 터. 그말야로 주공인이 끊없임이 시련을 겪는 드마라를 보는 느이낌다. 고마구를 100개는 먹는 것 같은 답함답을 느낀다. 소통은 그런 마음에 생수명와 같은 시함원을 준다.

어떤 이는 이기야를 할 때 앞뒤를 다 잘먹라고, 몸통 부분만 턱 하니 내진던다. 그러다 보니 많은 오해가 그를 따닌다라다. 오해는 분노를 부르고, 분노는 싸움을 일킨으다. TV에서 날마다 소통에 대한 강의가 홍같수이 쏟지아는 것을 보니 사람 관에계서 소통이 차하지는 영역은 매우 크다고 볼 수 있다. 그들은 한같결이 상방대의 처에지서 생하각라. 그래서 공라감하고 한다. 소통이 잘 이다어루졌면, 상방대의 입장을 잘 고하려고, 그기렇에 상방대의 마음이 마치 내 마처음럼 공감이 되는 것은 당연한 일이다. 글과 말이 설력득을 가려지면 그래서 논적리어이야 한다. 노아의 방주를 지을 것도 아니고, 배가 자꾸 산으로 가면 되느겠가!

또 어떤 이는 횡한설수설다. 이기야의 맥락이 없이 이리

갔다, 저리 갔다 한다. 화제가 통일감 없이 오다락한가락면 소통의 발목을 붙잡을 수밖에 없다. 과이일면 과이일고, 채소면 채소다. 아무리 과학이 발달해 위로는 과일이, 아로래는 채소가 열린다 해도 그것은 과서학에나 가능할 법한 이기야다. 옛말에 개떡같이 말해도 찰같떡이 알듣다아는고 하는데 이 방법은 일이반적지 못 한 것이 함이정다.

그리고 본디 소이통라는 것은 말을 서로 주으고받며 이기야를 이갔어을 때만 가능한 것이다. 이 사람은 이 이기야를 하는데 저 사람은 저 이기야를 하면 서로 자기의 말만 할 뿐 어떠한 소통도 이지어루지 않는다. 가끔 교회나 약에국서 할머니, 할지버들아의 이기야를 엿듣을 때가 있다. 그런데 나이가 드셔서 귀가 어워지두신 그들분의 이기야는 마치 음들치의 듀엣과 같다. 소통이 안 되는 대화는 사실상 소음에 가깝게 느진껴다. 자기 말만 하고 상방대의 말을 듣지 않다는면 그 사람은 아마도 고집이 세다는 말을 자주 들지을도 모른다.

글 쓰는 사람은 글로 독자와 소한통다. 얼만마큼 공감을 끌느어냐냈가 그 글의 소통 여부를 결한정다. 작가의 마음과 생각이 고란스히 잘 전해진 글말야이로 사막 땅에속서

끌올어린 지처수하럼 독자의 마음을 시하원게 적실 수 있다. 올 한 해 글을 쓰며 나는 항상 이것이 고없이민다. 내가 글을 통해 내 생각을 잘 표하현고 있는 것인지, 내 글을 읽는 사들람이 나와 공대감를 형성할 수 있는지. 그래서 글을 써 놓고, 이리 돌려 보고, 저리 돌려 본다. 어떨 때는 내 글이 외처어계럼 무슨 말을 하는지 알들아을 수 없을 때도 있었고, 어떨 때는 말도 안 되는 억지 논리로 내 생각만 집하요게 강다하요가 완벽한 설력득을 끌내어지 못할 때도 있었다. 어숙리한 글이쟁의 피할 수 없는 숙이명지 싶다.

훗날 내 글의 깊이가 더 깊지어고, 종이 위에서 농익은 춤을 출 수 있을 때가 되면, 내 글이 독에들자게 흐러트짐 없이 똑바로 정되돈어 보기이를 기본해대다. 아직은 정없신이 흐러트진 내 글들이 오늘도 나에게 '소통'을 공하부게 한다.

이제는 제 글이 보나이시요?

태풍이 온다

또 일 년을 무사히 잘 버텼구나. 새해 달력을 넘기며 생각했다.

언제부터였을까. 시간을 버티기 시작한 것이. 어릴 땐 시간마다 박음질로 나아갔던 내 발걸음이 점차 공그르기로 변하다가 이젠 거의 시침질 수준으로까지 떨어졌다. 엉성해진 만큼 뚫린 구멍으로 생의 내용물이 줄줄 샌다. 제대로 마무리했다고 생각한 곳조차 조금만 힘을 가하면 터지기 일쑤다. 그러고선 천과 실을 탓한다. 과연 나이만큼 늘어난 건 다양한 핑계뿐이다. 그때, 탄식 섞인 한 마디가 들려온다. 그러게, 대비를 잘했어야지.

강수를 둔다. 돈을 잔뜩 들인 시간을 펼쳐 놓는다. 그 위에 화려한 계획들을 늘어놓고 본을 뜬다. 여유 없이 정확한 선을 따라 모두 잘라낸다. 느슨해진 솔기를 더 바짝 당겨 잡고, 틈새 없이 박음질한다. 마무리 부분은 서너 번 더 돌려 묶는다. 그런데 조급한 바느질에 되레 내 시간은 쭈글쭈글 울어버리고 말았다. 머리 위에 태풍이 몰아친다.

파북, 우딥, 스팟… 작년에 지나쳐 간 태풍들의 이름이다. 총 28개. 크기에 따라 소형에서부터 초대형까지, 풍속에 따라 약한 것에서부터 매우 강한 것까지. 그것들이 낸 사망자가 312명, 부상자가 737명, 실종자가 25명이다.

언제 어떻게 왔다 갔는지 모를 소형 태풍에서부터 긴 시간 날 괴롭혔던 초대형 태풍까지. 견딜 수 있을 만한 약한 것에서부터 견디기 힘들어 날 주저앉게 했던 매우 강한 것까지. 과연 몇 개나 되는 태풍들이 나를 지나쳐 갔을까. 크기와 모양이 제각각인 그것들을 퀼트 하듯 이어 붙여 본다.

글을 쓰느라 맞았던 태풍들은 오히려 내가 참지 못할 폭염을 가시게 해 준 시원한 것이었다. 그것들이 내 손가락을 쓸고 지나가는 날이면 속이 다 후련해졌다. 사랑하는 가족을 잃은 3월 태풍은 짧지만 많은 감정의 부상자를 냈다. 아이들로 인한 태풍은 또 어땠는가. 하나인 줄 알았던 태풍이 둘, 셋으로 합쳐져 그 세력을 키울 때면 얼마나 힘들었던지. 심지어 그건 조절할 수 없는 분노를 게릴라성

폭우처럼 달고 와 내 위에 쏟아붓기도 했다. 태풍이 없던 시간 역시 태풍 전야처럼 늘 불안을 바닥에 깔고 있었다. 그 외에도 예상 경로를 벗어나거나 진로가 복잡하게 얽힐 때도 있었다. 그럴 때면 정확하지 못했던 내 예상과 계획을 원망했다.

인생에도 일기예보가 있다면 다가올 태풍들을 모두 대비할 수 있을까. 우산을 준비하고, 창문에 테이프를 붙이고, 안전한 곳으로 대피할 순 있을 것이다. 하지만 때로 그 예보들은 모든 예상을 비껴가곤 한다. 우산도 안 들고 나갔는데 갑자기 비를 맞아야 하는 날도 있고, 테이프를 붙였는데도 더 강력한 바람에 창문이 모조리 깨지기도 한다. 피해를 볼까 무서워 집 밖도 안 나가고 있었는데 온종일 바깥이 조용하면 억울한 심정마저 든다.

그래서 인생이 재미있는 것인지도 모르겠다. 몰래 울고 싶을 때 만나는 태풍은 더없이 좋은 피난처가 된다. 그 속에선 목청껏 울어도 잘 들리지 않는다. 피할 수 없다면 즐기라 했던가. 태풍의 눈 속에서 올려다보는 하늘은 맑은 법이다.

'2020년 태풍'이라고 검색해 보니 아직 오지도 않은 태풍의 이름들이 '누리'서부터 '미리내'까지 서른두 개나 떠 있다. 그래프와 지도도 이미 준비되어 있다. 대단한 준비성이다.

나도 새해를 준비해 본다. 울어버린 시간을 다시 뜯는다. 억지로 당겨 잡거나 섣불리 마무리 짓지 않기로 한다. 촘촘하지 않아도, 생의 내용물이 조금 쏟아져도, 엉성해 보여도 상관없다. 계획하지 않은 시간이 더 여유롭다는 걸 알게 되자 지난 시간이 더는 울지 않고 웃는다. 심지어 흉측할 줄 알았던 시간의 조각들이 서로 이어져 멋진 퀼트 작품이 된다.

새해다. 몇 개의 태풍들이 또 내게 닥칠까. 그리고 그것들엔 또 어떤 이름이 붙을까. 설렘과 두려움이 동시에 몰려온다. 올 한 해도 무사히 잘 버티길 바라며 신발 끈을 야무지게 묶는다. 와라, 태풍들이여. 거친 네 숨결을 시침질 공그르기 박음질로 길들여 줄 테니. 나의 창대한 2020년을 위하여.

벚꽃 바이러스

•
•
•

너 뭐 하니?

멍 때리고 있어요. 아니, 생각하는 중이에요.

무슨 생각?

그냥 그저 그런 거요. 바이러스가 창궐했다고 사람들은 난리인데 저 벚나무엔 봄이라고 다시 꽃이 피고 있잖아요. 그것도 참 예쁜 연분홍으로 말이죠. 이번 바이러스는 사람과 동물에게만 나타난다고 하니 올봄은 저들만의 축제가 되었네요. 저들과 바이러스는 근본이 같을지도 모르죠. 처음엔 한 곳에만 국한된 것 같은데 어느샌가 저만의 길을 따라 번져가고 번져가고. 정신 차려보면 온통 주위가 저들로 가득 차잖아요. 바이러스를 현미경으로 본 적 있어요? 그건 마치 꽃송이 같죠. 민들레 꽃씨 같기도 하고. 그렇게 바람을 타고 소리 없이 공기 중에 번져 가는 것들. 하지만 누군가에겐 알레르기를 일으키잖아요. 알레르기가 그런 거예요. 대부분의 사람에겐 문제가 안 되는데 면역력이 약한 사람들에겐 함께 가지만 함께 가고 싶지 않은 친구가 되어 버리거든요. 바이러스도 그런 거 아닐까요?

망상이야.

이건 망상이 아니에요. 이치에 안 맞는 얘긴 아니니까요. 하지만 오늘 아침에 그런 생각이 들긴 했죠. 이 바이러스는 도대체 어디까지 갈까? 중국, 일본, 한국을 넘어 이탈리아, 호주, 미국… 저들은 참 열정이 넘치는군. 나도 못 가 본 무수한 나라들을 오로지 저들만의 날개로 날고 날아 어디까지 가고 싶어 저렇게 몸부림치는 걸까? 그래서 최종 목적지는 어디일까? 어쩌면 저들의 목적은 사람들을 해치는 것이 아니라 사람을 매개체로 삼아 더 넓은 세상을 보고 싶은 걸지도 몰라요. 저들이 말할 수 있다면 이렇게 말하고 싶지 않을까요? 정말 미안해. 그러려던 게 아니었어. 우리도 저들처럼 공기 중에 사람들 눈을 피해 날아다닐 수만 있다면 어떤 일을 하고 싶어요? 난 홀딱 벗고 거리를 미친 듯이 돌아다니고 싶어요. 내 몸을 졸라매고 있던 모든 것, 내 속에서 꿈틀대는 것들의 거대한 폭발. 정말 멋지지 않아요?

공상이야.

이건 공상이 아니에요. 가끔 해외토픽에 보면 알몸으로 거리를 활보하는 사람들이 있으니까요. 단지 내겐 그럴만한 용기가 없을 뿐이죠. 사회적 틀을 깨부술만한. 그건 풍기문란죄가 되나요, 공연 음란죄가 되나요? 시선이란 게 참 무섭죠. 수많은 눈동자. 그것들이 내게 쏟아진다고 생각해보세요. 그건 짜릿할 수도, 끔찍할 수도 혹은 창피할 수도 있겠죠. 하지만 번져가는 것들의 속성은 시선을 의식하지 않는단 거예요. 자신의 목적에만 집중하죠. 뚝심 있게 하지만 요란하지 않게 자신만의 길을 나아가는 거예요. 돌아보니 후회되는 것들이 참 많아요. 한 친구가 다른 친구를 괴롭힐 때 난 용감하지 못했죠. 내 소신은 구석 어딘가로 숨어버렸고요. 그래서 그냥 지켜보기만 했어요. 그 친구의 겁먹은 눈동자가 아직도 잊히질 않아요. 내 입은 왜 그깟 들판이나 서성이는 코요테들의 시선 따위에 무너졌을까요? 저들의 목을 비틀었어야 했는데. 하지만 인제 와서 그게 다 무슨 소용이겠어요. 그런 눈으로 보지 말아요. 그냥 그랬다고요. 자백은 아니고, 고백이에요. 다시 돌아간다면 난 입을 열어 그들에게 뭐라도 내뱉을 수 있을까요? 고약하게 냄새나는 가래라도 목을 긁어 퉤 하고 말이죠. 타임머신이라도 있다면 어떨까요? 그래서 친구 앞에 다시 서 그 눈을 바라본다면 과연 어떤 느낌일지.

상상이야.

이건 상상이 아니에요. 나의 헛된 바람이 만들어낸 허상이죠. 다시 말하지만 번져가는 것들을 보며 드는 생각이라고요. 누군가는 저들을 보며 공포에 떨죠. 나에게로 올까 봐, 나에게 붙어 영원히 안 떨어질까 봐. 여기 한 아이가 있어요. 그의 친구가 어찌나 장난꾸러기인지 코딱지를 파서 아이에게 점점 다가갔죠. 아이는 경기를 일으키듯 뒷걸음질 쳤어요. 오지 마! 하지만 친구는 그 모습이 더 재미있는지 점점 더 가까이 다가갔어요. 코딱지를 묻힌 손가락이 까딱까딱 움직였죠. 아이는 결국 벽까지 몰리고 말았어요. 오지 말라고! 그 불안에 잠식당하는 순간 이미 코딱지 하나 때문에 우리가 할 수 있는 모든 생각을 포기하게 돼요. 불안이 번지는 속도는 다른 어떤 것들보다 더 빠르니까요. 달리기 시합을 한다면 벚꽃이 동메달, 바이러스가 은메달, 불안이 금메달을 목에 걸 거예요. 꿈을 꿨죠. 사람들이 불안으로 인해 서로를 해하고, 해하는 그런 장면이 반복됐어요. 끔찍하다 못해 할 말을 잃고 그 자리에 멍하게 서 있기만 했죠.

몽상이야.

이건 몽상이 아니에요. 현실의 오마주죠. 현실에 대한 경의. 참 대단하다, 지긋지긋하게 대단하다, 하면서요. 아니,

비꼬는 것이니 패러디라고 해야 할까요? 내 의식이, 꿈이 현실의 페르소나가 된 것이죠. 그렇다면 벚꽃은 바이러스의 페르소나가 될 수 있을까요? 그래서 우리 인간이 불안에 잠식되어 가는 모습을 비웃으며 패러디하고 있는 것일지도 모르죠. 저들이 보기엔 한 편의 코미디 영화 같겠네요.

난 벚꽃을 보고 있어요. 몇 주나 갈까요? 올해 봄은 빨리 지나갔으면 좋겠어요. 봄비가 내리고, 꽃잎이 바닥에 떨어지고 나면 번져가는 연분홍 길을 보지 않아도 되는 날이 오겠죠. 불안도 그편에 함께 쓸려가도록.

쓸데없는 생각 말고, 이거나 마셔. 바이러스에 좋대.

무슨 차인가요?

대추 생각차. 아니, 대추 생강차.

머슬퀸

이건 베개로 사용하면 좋겠군. 아니, 각을 잘 세워 누군가의 머리를 내려친다면 어떨까?

초면에 던지기엔 다소 과격하고 서늘한 소감이지만 딱 그 정도의 두께와 무게였다. 심지어 두꺼운 모직 코트를 둘러입은 중년 사내 같단 생각마저 들었다. 정말 지루해. 과도한 욕심은 항상 사고를 부르는 법이다. 낯을 직접 보고, 몸뚱이를 미리 만져볼 수 있었더라면 좋았을 텐데. 좀 더 관심 있게 소개 글을 읽었더라면 막을 수 있었을 텐데. 설레는 마음에 신발도 안 신고 서둘러 나간 탓이고, 그저 다른 것들과 가격이 비슷하니 생김새 또한 비슷할 거로 착각한 탓이다.

우편배달부가 집 앞에 던져 놓고 간 상자를 냉큼 가지고 들어왔다. 긴급 재난 상황에 배송이 지연될 수 있다고 하더니 무려 한 달 반이나 지나서 소포를 받은 것이다. 작은 칼을 가져와 조심해서 상자의 배를 갈랐다. 긴 잠에서 깨어난 것 치곤 매우 산뜻한 얼굴이었다. 얼마나 보기를 기다렸던가. 그 얼굴에 살며시 손을 가져다 댔다. 매끄럽지만 '사악'하고 건조한 소리가 났다. 그런데 예상치 못한 일이 일어났다.

꺼내든 세 권의 책은 하나같이 예쁘장한 얼굴 뒤에 탄탄하고 육중한 몸을 숨기고 있었다. 그들은 모두 기본 500장 이상의 부피를 자랑했다. 요즘 출판되는 책들이 독자의 취향과 편의를 위해 200에서 300장대로 만들어지는 것에 비교해 상당히 두꺼운 셈이다. 온라인 서점에서 반반한 겉표지만 보고 충동적으로 장바구니에 쓸어 담은 게 문제였다. 상품 후기를 읽긴 했지만, 책 자체의 디테일을 자세히 읽지 않았다. 거기엔 분명 책의 무게, 장수, 크기도 숫자로 정확하게 적혀 있었을 텐데 말이다.

문학 이론서, 단편 소설집, 인문 교양서까지 장르는 다양했지만 육중한 몸을 가진 건 매한가지였다. 그 무게와 두께에서 뭔지 모를 압박감이 들었다. 일단 긍정적으로 생각하기로 했다. 두꺼운 책을 싸게 잘 산 거야. 하지만 그 내부를 펼쳐 든 순간, 내가 지금 무슨 짓을 한 거지? 하며 한숨이 나왔다. 전공서나 논문처럼 절반 이상 차지한 주석들, 여백이 얼마 보이지 않을 정도로 종이를 가득 메운 글자들, 그리고 내 눈을 종이 가까이 끌어당기는 작은 글씨들.

책을 덮었다. 머리에 베고 누웠다. 마치 할아버지의 목침 같았다. 이렇게 머리를 올려놓고 있으면 책 내용이 스캔 되듯 머릿속으로 입력되면 얼마나 좋을까. 하지만 그럴 일은 없다. 결국, 눈으로 읽고 머리를 굴려 수동으로 집어넣어야 한다. 다시 책을 펼쳐 들었다. 그들의 근육은 지방을 다 태운, 과시용이 아닌 진짜 알짜배기 근육이었다. 그것을 보고 있자니 내 물렁물렁한 머리는 운동이 필요해 보였다. 굵고 탄탄한 근육은 고사하고 가느다란 근육 한 줄기도 보이지 않았다. 그뿐인가. 생각을 뒤덮은 건 군더더기로 꽉 찬 지방 덩어리뿐이었다. 쉽게 읽히는 책만 편식했던 빈약한 생각 덩어리. 근육을 제대로 단련하지 못해 지구력마저도 기대할 수 없는 허약한 생각처럼 보였다.

실수인 듯 내게 온 두껍고 무거운 책들을 내려다봤다. 원치 않았지만, 이 시점에 꼭 만나야 할 인연처럼 다가온 그들은 혹 생각의 근육을 키워줄 개인 트레이너는 아닐는지. 읽는 속도가 빠르지 않기에 어쩌면 긴 시간이 필요할지도 모르고, 내용이 어려워 이내 포기하고 싶어질지도 모른다. 그래도 일단 해 보기로 했다. 마치 피트니스 클럽에 돈을 내고 그게 아까워 억지로 운동하는 사람처럼 밤새워 한 권을 읽었다. 물컹했던 덩어리가 조금은 작아진 듯도 했다. 다시 3일을 꼬박 걸려 한 권을 더 읽었다. 이제 가느다란 근육의 모양이 겨우 보이려고 했다. 그렇게 나머지 책도 읽었다.

요즘은 이상하게 두껍고 무거운 책들이 주위로 몰려든다. 그렇게 오늘도 우연히 책 한 권을 만났다. 포스트모더니즘의 대문호, 제임스 조이스의 소설 〈율리시스〉. 무려 1300장이 넘는 양과 난해한 내용 때문에 중도하차 한다는 무시무시한 책이다. 그런데도 사람들은 이 책을 20세기, 영어로 쓰인 가장 위대한 소설이라 평한다. 버지니아 울프, 윌리엄 포크너 같은 작가들도 이에 큰 영향을 받았다. 그런데 왜 하필 이 책이 눈에 띄었을까. 1300장은 무리야, 하고 돌아서는데 자꾸 발꿈치가 덜그럭덜그럭 걸린다. 이 책을 다 읽고 나면 과연 머슬퀸이 될 수 있을까.

바람이 잘 드는 창가에 앉아 육중한 책을 펼친다. 생각이 두께와 무게를 키운다.

살아있는 것들의 도전

•
•
•

또 실패였다. 딱딱하게 굳어진 그것은 인공의 온기로 겨우 데워졌을 뿐, 숨이 붙어 있다고 할 수 없었다. 하지만 적어도 내겐 나이 들어 늘어지는 인간의 피부보다 더 명확한 기정사실이었다. 그래도 확실한 사망원인을 살피기 위해 부검하기로 했다. 가슴 아프지만, 또 다른 희생은 막아야 하지 않겠는가. 악어의 가지런한 이빨 같은 톱니 칼을 꺼내어 조심스레 가운데 부분을 잘랐다. 있어야 할 구멍들이 보이지 않았다. 치밀한 해면 구조였다.

발효가 문제였다. 이 문제는 요즘 제빵에 꽤 열성인 내게 매번 불합격 통지서를 내밀며 다음 기회에, 라는 비웃음을 날리곤 했다. 발효에 실패했으니 반죽이 멀쩡한 몸을 가지지 못하고, 사체처럼 경직되고 말았다. 그것은 몸을 부풀리고 야들야들한 살을 입어 손으로 누르기만 해도 폭신하고, 양 엄지손가락으로 가운데를 찢었을 때 사이사이에 생긴 구멍들로 스펀지 같은 질감을 만들어야 했다. 그런데 이건 그야말로 나무색을 띤 돌덩이나 다름없다. 농담을 조금 보태어 못도 박을 수 있을 것만 같았다.

다시 제빵 동영상을 돌려봤다. 그리고 혹시 내가 놓친 부분이 있는지 화면에 눈을 가까이 붙이고서 잠시도 떼지 않았다. 하지만 그들은 마치 밥 로스 아저씨의 유행어처럼 참 쉽죠? 를 연신 남발하며 마치 날 약 올리듯 방금 오븐에서 꺼낸 따끈한 완성품을 입안으로 천천히 집어넣었다. 그러면서 제빵이란 이 어려운 과제에 효모 한 톨만큼도 소질이 없는 내게 막연한 도전을 부추겼다. 하지만 이미 결과물을 보고 난지라 그들이 묘사하는 그 어떤 희열이나 만족감, 성취감 따위는 내 손에 전혀 쥐어지지 않았다. 묘한 자괴감이 들었다. 그깟 빵이 뭐라고. 그리고 날 이렇게 만든 효모를 탓하기 시작했다. 물론 건조 효모는 바닷가에 깔린 고운 모래 같은 자태를 하고서 자신에겐 죄가 없다고 매우 억울한 표정을 지었다.

과정을 돌아보기로 했다. 발효 시간은 잘 지켰는가. 시간이 오래되면 효모가 죽는단다. 물의 온도는 적당했는가. 물의 온도가 높아도 효모가 죽는단다. 참 골치 아픈 녀석이다. 심지어 생명력도 없고, 생의 끈기도 없단 생각이 들었다. 발효하는 곳의 온도가 적당했는지도 생각해 봤다. 동영상의 그들은 실온에 둬도 된다고 했지만, 지금은 겨울이라 우리 집 부엌이 좀 추워서 그런가 하는 생각도 들었다. 결국, 발효에 실패했다는 건 이런저런 조건 어딘가에서 작지만 심각한 문제가 생겼다는 뜻이었다.

돌아보면 내 요리 방식에 문제를 제기하는 사람이 여럿 있었다. 국이나 찌개를 끓일 때는 냄비에 찬물, 각종 채소, 고기나 생선 그 밖의 재료들과 양념을 모조리 쏟아 넣고 한꺼번에 끓이거나 볶음 요리도 같은 방식으로 한꺼번에 넣고 볶기 때문이었다. 내 요리에서 순서나 시간, 양, 간 보기는 그리 중요하지 않았다. 그런다고 맛이 크게 차이 나지는 않아서 그들의 지적도 점차 사그라들었다.

제빵에 도전하기 전까지는 내 맘대로 하는 요리라고 해도 늘 자신감이 넘쳤다. 하지만 이것은 좀 달랐다. 갑자기 발효는 과학이라던 광고 문구가 떠올랐다. 그것은 컵라면을 기다리는 시간만큼이나 정확한 시간이 필요했고, 온도 역시 아기 목욕물처럼 적당해야 했다. 효모의 양이 많아지거나 지나치게 오래 두면 코를 톡 쏘는 냄새가 나서 부드럽고 달콤한 빵의 풍미를 망쳤다.

효모는 살아있다. 생명체를 다루는 건 그만큼의 정성을 필요로 한다. 그렇지 않으면 사후경직이 일어난, 그저 어떤 덩어리에 그치고 만다. 생명은 언제나 꽃향기처럼 매혹적이어서 사람의 깊은 마음을 사로잡지만, 소중히 다루지 않는 자에겐 그 반짝이는 눈망울과 따스한 숨결을 절대 내보이지 않는 법이다. 그러니 내가 망친 것은 살아있는 것을 소중히 다루지 않은 까닭이다. 생명력도 없고, 생의 끈기도 없다 했던 내 무지에 억울하게 가해자가 된 효모가 이제야 무죄를 입증받고 다시 숨을 쉬기 시작했다.

밀가루와 소금을 정량으로 섞은 후 가운데를 파고 건조효모를 묻었다. 그리고 살살 섞어 정확한 온도로 맞춰놓은 따뜻한 물을 부어 반죽했다. 드디어 이 생명체가 살을 붙이고, 숨을 쉴 시간이다. 둥근 덩어리가 된 반죽을 그릇째 예열된 오븐에 넣었다. 이 부분에선 제빵을 곧잘 하는 큰 딸아이의 조언에 따랐다. 타이머를 맞춰 두었지만, 시간이 다가옴에 따라 마음이 점점 초조해졌다. 과연 그것의 뽀얀 살이 올랐을까. 오븐 앞에 쭈그리고 앉아 작은 창으로 내부를 관찰했다. 타이머가 시간이 다 됐음을 요란하게 알렸다. 그리고 오븐을 열어 확인했을 때, 드디어 난 그것의 제법 풍만해진 모습을 확인할 수 있었다. 반죽을 접어 다시 발효과정을 두 차례쯤 더 하고 나서야 겨우 굽는 과정으로 넘어갔다. 그때부턴 그냥 겉으로만 봐도 성공의 분위기가 느껴졌다.

악어의 가지런한 이빨 같은 톱니 칼을 다시 꺼내어 들었다. 이번엔 부검이 아니었다. 살아있는 것이 만들어낸 가장 아름다운 무늬를 확인하기 위해서였다. 바사삭, 하는 소리와 함께 그것의 뽀얀 속살이 드러났다. 그리고 그 안엔 크고 작은 동그라미들이 가득 들어 있었다. 집 나간 성취감이 돌아오는 순간이었다. 그리고 아주 작게, 나만 들을 수 있는 목소리로 중얼거렸다. 빵 만들기, 참 쉽죠?

비 내리는 프라이팬

비가 내린다. 하얗고 둥근 몸이 테두리에서부터 노랗고 바삭하게 익어간다. 그 안에서 오징어와 홍합, 새우가 쪽파를 침대 삼아 가지런히 누워 있다. 잠시 후 몸을 뒤집어 배를 깔고 눕는다. 그러자 더 거세게 비가 내리기 시작한다. 고소한 냄새가 사방으로 번져간다. 그렇게 한참을 장맛비가 쏟아지다 서서히 잦아들면 그것은 달궈진 몸을 식히기 위해 널따란 접시 위로 내려 눕는다. 그 농염한 자태에 모두 군침을 꿀꺽 삼킨다. 그리고 누군가 외친다. 비 오는 날엔 역시 부침개지!

비 오는 날엔 꼭 부침개를 먹어야 한다는 이 말은 도대체 누가 어떻게 만들어낸 것일까. 일반적으로 많이 알려진 설은 비가 오면 떨어지는 체온을 올리기 위해 기름기 많은 부침개를 먹었다는 것이다. 또 다른 설로는 멜라토닌이 떨어지면 우울해지는데 이때 탄수화물인 밀가루 음식을 먹으면 기분이 좋아진다는 것이다. 하지만 이보다 더 매력적인 설이 있다. 비슷한 소리는 서로 끌어당긴다는 것.

여름이 되면 생각나는 소리가 있다. 열대야에 몸부림치는 밤이었다. 그날도 매년 찾아오는 납량특집 영화를 한 편 보고 침대에 누웠다. 역시나 잠이 오지 않았다. 세면대에서 떨어지는 물방울 소리, 이불의 바스락거리는 소리, 가구가 습기에 팽창하는 소리. 이 모든 소리가 공포 영화의 효과음처럼 어두운 방 안을 스멀스멀 기어 다녔다. 하지만 이 정도는 견딜만했다. 그런데 그때 그것들과는 확연히 다른, 기이한 소리가 창밖에서 들려오기 시작했다. 아기가 칭얼대며 우는 소리. 하지만 이상하게도 아기를 달래는 엄마의 소리는 함께 들리지 않았다. 텅 빈 아파트 단지에 메아리쳐 들리는 아기 울음소리에 손가락 발가락이 다 오그라들었다. 그렇게 뜬눈으로 밤을 지새우고 이른 아침이 되어서야 이 사실을 엄마에게 말했다. 그리고 엄마는 아무렇지도 않게 한마디를 툭 하고 내뱉었다. 고양이 짝짓기 철인가?

한 연구 결과에 따르면 고양이는 이 소리를 이용해 주인에게 음식을 받아내거나 자신을 더 정성껏 돌봐주도록 조종한단다. 즉 인간의 무의식은 고양이 소리를 들으면 아기가 칭얼대며 우는 소리로 인식한다는 뜻이다. 그래서 마음이 점점 초조해지고 아기를 돌보듯 고양이를 대하게 되는 것이다.

이런 비슷한 소리의 끌어당김 현상은 단순한 착각일까. 인간의 뇌에서 일어나는 과학적 판단의 오류일까. 그것도 아니라면 소리가 주는 놀라운 상상력일까. 북소리에 마음을 뺏기는 이유는 심장 소리와 닮아서이고, 같은 이유로 갓난아기는 진공청소기 소리에 잠을 더 잘 잔다고 한다. 그 밖에도 얼마나 많은 비슷한 소리가 서로를 끌어당기고 있는지.

인간관계에서도 이런 현상이 일어난다. 공기업을 은퇴하고 비정규직 일을 하게 되며 J 씨가 갖게 된 이름은 임계장. '임시 계약직 노인장'의 줄임말이다. 그는 자신이 비정규직이라는 이유로 받아야 했던 부당 사례들을 빼곡히 적어 책을 냈다. 그랬더니 이 소리에 여기저기서 비슷한 소리가 반응했다. '비정규직의 아픔'이란 소리 하나로 20대 청년부터 80대 노인에 이르기까지 모두 끌려와 함께 소리쳤다.

동병상련이란 말은 비슷한 소리의 끌림 현상이 아닐까. 타인의 이야기를 듣고 공감하는 능력, 서로를 긍휼히 여기는 마음, 자선을 베푸는 손길, 더 나은 사회가 되길 바라는 마음으로 치켜든 촛불. 그 비슷한 소리가 서로를 끌어당기고, 따뜻하게 품어 안는 것은 아닐는지.

창밖에 쏟아지는 비가 좀처럼 그칠 생각을 하지 않는다. 덕분에 프라이팬에서도 하염없이 비가 내린다. 벌써 세 장째 부침개가 널따란 접시 위에 농염하게 누워 우리를 유혹한다. 온 세상이 부침개 부치는 소리로 가득하다.

동상이몽同床異夢

성경의 첫 장은 하나님께서 천지를 창조하신 이야기로 시작된다. 그중에서도 아담과 이브 이야기는 잠자기 전 엄마가 머리맡에서 읽어주시던 동화와도 같았다. 그런 동화가 현실이 되는 것은 그리 오랜 시간이 걸리지 않았다. 나는 금세 어른이 되어 나의 아담, 남편을 만나 결혼했기 때문이다.

우리 부부의 결혼은 그 자체가 맥락 없는 이야기 같았기에 사람이 이렇게 결혼을 할 수도 있구나, 하고 말하는 사람이 많았다. 조선 시대도 아니고, 처음 만났을 때 프러포즈를 받고, 두 번째 만났을 때 상견례를 했고, 세 번째 만났을 땐 이미 결혼식장에 서 있었다. 또한 그렇게 제대로 된

연애 한 번 못 해 보고 결혼했더니, 사사건건 부딪치는 일이 많아도 너무 많았다.

운동을 좋아하는 남편은 늘 아내와 함께 복식조로 볼링 대회를 나가는 게 꿈이었지만, 난 그와 댄스 스포츠를 배워 보는 게 꿈이었다. 부부끼리 같은 취미생활을 하는 것이 좋다는 강연을 함께 듣고 와서는,

"그거 봐. 같이 골프 나가자니까? 거기 가면 부부끼리 나오는 사람들이 얼마나 많다고."

라고 이야기하는 남편에게 이렇게 톡 쏘아붙였다.

"왜 항상 당신 취미를 따라가야 하는데? 나는 골프 싫어. 차라리 운동할 거면 내가 좋아하는 수영을 같이 하든지!"

그렇게 우리 이야기는 합의점 없이 늘 끊임없는 평행선을 그어 나갔다. 할머니께서 물가에 가면 위험하다고 하셨다면서 수영은 절대 할 수 없단다. 그 당당한 남편의 대답에 내 머리 위로는 까마귀가 깍깍거리며 지나갔다. 또 언젠가는 티브이에서 맛집 소개하는 프로그램을 같이 보다가,

"나도 저기 한번 가보고 싶다."

하였더니, 대뜸 내게 이랬다.

"난 맛집 찾아다니는 사람들. 정말 이해가 안 가더라. 왜 힘들게 그 멀리까지 그거 하나 먹겠다고 찾아가냐고."

몇 년 전 한국에 갔을 때 동생에게 특별히 부탁한 일이 있

었다. 티브이에서 본 유명 쉐프의 중식당을 꼭 예약해 달라고. 하지만 전화 100통을 하고도 예약하지 못해 그 대단한 맛을 보고 오진 못 했지만, 언젠가는 꼭 먹고 말리라는 오기마저 생겼다.

남편은 달랐다. 워낙 먹는 것에서 즐거움을 느끼지 못하는 그의 눈에는 내가 그저 자기 세상 속에 불시착한 이방인일 뿐이었다. 그 밖에도 멋 부리는 것을 좋아해 여자 향수까지도 사 모으는 남편과 꾸미는 것에 병아리 눈곱만큼도 관심이 없는 나. 섬세한 성격에 아내에게 늘 서프라이즈 이벤트를 꿈꾸는 남편과 그런 이벤트에 쓸데없다며 핀잔을 주는 무뚝뚝한 나. 참 달라도 너무 달랐다.

어느 날 아침이었다. 샤워하고 나오니 언제나 공포스럽게 내게 오라 손짓하는 체중계가 눈에 띄었다. 주위를 두리번거려 아무도 없다는 것을 재차 확인하고 체중계 위에 살짝 올라갔다. 침이 꼴깍 넘어가고, 심장이 두근두근 뛰었다. 그런데 예전 몸무게보다 5킬로그램이나 더 나가는 것이 아닌가. 그때 방으로 들어 온 큰딸아이에게 떨리는 목소리로 물었다.

"딸, 이 체중계 정확하니?"

"아니, 그거 고장 난 것 같던데?"

딸의 대답에 안도의 숨을 내쉬었다.

'그럼, 그렇지. 그래도 설마 그렇게나 많이 나가려고? 이거 고장 나서 원래보다 많이 나가는 거군.'

그렇게 자위하고 나니 기분이 한결 상쾌해졌다. 그런데 그때, 남편도 샤워하고 나서 쓱 체중계 위에 올라갔다.

"어? 이 체중계 고장 났나?"

남편의 말에 기다렸다는 듯 밝은 목소리로 대답했다.

"응! 그거 고장 났대."

"어쩐지! 내가 이렇게 적게 나갈 리가 없잖아."

그렇다. 남편은 나와 반대로 요즘 살을 찌우기 위해 온갖 식이요법과 운동을 하며 노력하고 있었다. 무슨 소리냐며, 이 체중계는 정상보다 더 많이 나가는 거라고 우기고 싶었지만, 순간 웃음이 히죽히죽 내 입술을 비집고 나왔다.

"동상이몽이네."

같은 침상에서 자며 다른 꿈을 꾼다더니, 이럴 때 쓰는 말이었구나 싶었다. 모든 것이 다른 두 남녀가 만나 한 이불을 덮는 부부가 되어 사는 것, 그래서 같은 침상에서 자며 다른 꿈을 꾸는 것은 역시 신의 한 수였다. 부부는 같아야 사는 것이 아니라, 달라서 살아지는 것이라는 걸 그동안 왜 몰랐을까.

늦은 시애틀의 밤하늘엔 윤동주 시인이 봤을 법한 예쁜 별들이 쏟아져 내리는데, 오늘도 우리 부부는 같은 침상에서 자며 다른 꿈을 꾼다. 그 옛날 아담과 이브가 그러했듯이.

위장된 크라임씬

사람을 죽이는 방법은 많다. 셀 수 없이 많다. 독살, 교살, 총살, 타살 등과 함께 학살, 청부살인까지 포함한다면 살인자에겐 무한한 선택지가 있는 셈이다.

유명 취재 탐사 프로그램의 지난 회차들을 몰아봤다. 사회, 종교 쪽도 다루긴 하지만 미제사건, 특히 살인사건이 많았다. 담당 피디들은 사명감으로 무장해 용의자들과 인터뷰하고, 실제 상황을 가상 실험해 본다. 뿐인가, 프로파일러나 비디오 판독 전문가, 부검의 등의 의견을 모으며 시청자들을 쉴 새 없이 사건 속으로 빨아들인다.

수법이 악랄한 만큼 범죄 현장은 매우 끔찍하다. 피로 얼룩진 벽과 바닥, 발견된 사체의 훼손 정도, 때론 늦게 발견

될 경우, 부패 악취와 자연 섭리로 몰려든 벌레들을 만날 수도 있다. 하지만 모자이크 처리된 화면 뒤로 펼쳐지는 상상의 나래는 결코 우리를 안전하게 보호해 주지 못한다. 상상은 실제보다 부피와 질량이 크기 때문이다.

우발적 살인이 외적 폭발로 인한 감정 탓에 더 잔인할 것 같지만 계획 살인은 내적 폭발이 일어나듯 치밀하면서도 파괴력이 크다. 그래서 사건의 실마리를 풀 단서 찾기가 더 어렵다. 범인은 자신의 정체를 숨기기 위해 최선을 다해 위장한다. 지문이 남지 않도록 장갑을 끼거나 자신의 지문이 묻었을 만한 모든 곳을 닦는다. 알리바이를 준비하는 건 기본이고, 범행 시간에 혼선을 주기 위해 온도를 높이거나 낮춘다. 아예 사체를 찾지 못할 곳에 숨기기도 한다. 물증이 없다면 유죄로 판결할 수 없기 때문이다.

미제사건이 존재한다는 건 완전 범죄가 가능하단 뜻일까. 안타깝게도 과학과 범죄학은 눈부시게 발전했고, 그 위장된 살해 현장의 진실을 풀 수 있는 최신식 열쇠를 거머쥐게 됐다. 풀리지 않던 옛 사건의 아주 작은 증거물이라도 하나 보관되어 있다면 그 안에서 피부세포, 체모, 핏자국, 타액 등으로 DNA를 채취할 수 있고, 컴퓨터로 범죄 현장을 가상 실험할 수 있으며 심지어 빅데이터를 사용하여 범죄 예측까지 가능해졌다.

한 프로파일러는 이렇게 경고한다.

"제발 시도하지 마라. 다 너보다 똑똑하다."

그 말에 안도하긴 이르다. 성경은 말한다. 형제를 미워하는 자마다 살인하는 자라고. 살인은 실제 타인의 목숨을 앗아가는 행위 이전에 누군가를 미워하는 마음마저 포함한다. 사람을 죽이는 방법이 셀 수 없이 많지만, 사람을 죽이고 싶은 이유는 그보다 더 많다. 의견 불일치, 질투, 배신, 돈, 이성 문제 등 일상생활에서 만나는 나와 관계된 사람들에게 특히 더하다. 그렇다면 내가 살인자와 다른 이유가 무엇일까. 그들은 외적으로 보이는 살인을 저지른 것이고, 난 내적 폭발로 보이지 않는 살인을 저지른 것일 뿐, 또 운이 좋았을 뿐이다.

어릴 적 동생을 심하게 때린 적이 있었다. 아주 사소한 이유에서였다. 자꾸 티브이 채널을 바꾸는 동생에게 하지 말라고 여러 번 경고했고, 그 말을 듣지 않는 것에 화가 나기 시작했다. 그리고 난 잠깐 시간 여행을 한 것처럼 어느 정도의 시간을 건너뛰었다. 정신이 들었을 땐 이미 내 발밑에서 웅크린 채 울고 있는 동생을 봐야만 했다. 거칠게 몰아쉬는 숨소리와 이마 위로 흘러내리는 땀방울이 지금 내가 무슨 짓을 한 건지 간단명료하게 설명해 줬다. 기억나지 않는 시간이 더 길어졌다면, 주위에 위험한 물건이라도 있었더라면 난 그날 가인(Cain)의 전철을 밟았을지도 모른다.

사람이 사람을 죽이는 건 제정신으로 할 수 없는 일이라고 한다. 그 말은 흔히 정신을 잃다, 이성을 잃다, 돌아버리다, 꼭지가 돌다, 같은 표현으로도 쓴다. 올바르게 판단할 수 없는 상태가 됐고, 비정상적인 감정에 사로잡혀 인간으로서 해서는 안 될 행동으로까지 이어져 버렸다는 뜻이다. 살인은 특별한 사람이 하는 것이 아니다. 화가 나를 누르고 미워하는 마음에 완전히 잠식당할 때 누구에게나 일어날 수 있는 일이다. 물론 몇몇 악의적인 살인, 자신의 즐거움을 좇아 저지르는 살인은 제외한다.

내가 위장한 크라임씬은 몇 가지나 될까. 남에게 들키지 않으려 열심히 지문을 지우고, 피를 닦고, 핑계를 걸어 알리바이를 만들진 않았는지. 내 손에 죽어간 무수한 사람의 얼굴을 다 기억할 순 있는지. 혹 너무 많은 살인을 저질러서 이젠 양심이 무뎌진 건 아닐는지. 난 얼마나 다양한 이유를 들어 그들을 교살하고 독살하고 총살하고 타살했을까. 완전 범죄를 꿈꾸며 살해 현장을 벗어나는 내 뒷모습은 어딘가 많이 불안해 보인다.

동생 아벨을 죽인 가인에게 하나님께서 말씀하셨다.

"네 아우의 피가 땅에서 나에게 울부짖는다."

결국 위장된 크라임씬의 진실은 드러난다. 눈에 보이지 않는 아주 작은 단서 하나가 스모킹 건이 되어 살인을 증명하고, 유죄를 판결받게 될 것이다. 누군가를 미워하는 마음이 커지려 하자 그 프로파일러의 말이 내 마음의 살인 충동을 막아선다.

"제발 시도하지 마라. 다 너보다 똑똑하다."

불편한 노래

문을 묻다

입구는 있는데 출구는 없었다. 그리고 방 안에 난 혼자였다. 마음 탓인지 사방을 둘러싼 흰 벽이 명도 대비 더 어둡게 느껴졌다. 물 밖에 던져진 물고기처럼 점점 더 숨이 차오를 때 내 의식은 폐소공포증을 견디지 못하고 공간 밖으로 퉁겨져 나왔다. 꿈이다.

대형 마트 앞, 넓은 공터엔 1년에 두 번 카니발이 열렸다. 그리고 커다란 트럭 몇 대가 오더니, 신기한 놀이기구를 쏟아냈다. 꼬깃꼬깃 잘 접어 넣었던 그것들은 시간이 지남에 따라 물속 화차처럼 서서히 몸을 풀어갔다. 마트에 갈 때마다 오늘은 어떤 놀이기구가 설치됐나 구경하는 건 매우 흥미로운 일이었다. 드디어 카니발의 첫날. 이 조용한 마을 어디서 그 많은 사람이 다 나왔는지 모를 만큼 입구에서부터 긴 줄을 이뤘다. 작지만 제법 높이 올라가는 미니 관람차, 빙글빙글 돌아가는 찻잔, 바이킹까지 다 돌고 잠시 쉬려는데 아이들이 뭔가를 발견한 듯 일제히 한 곳으로 달려갔다. '거울의 방'이었다. 일종의 미로 같은 건데 일단 들어가면 거울에 반사되어 어디가 거울로 막힌 벽이고, 어디가 뚫린 길인지 분간이 쉽지 않았다. 그런데 만만히 본 그곳에서 일이 터져버렸다. 같이 들어갔던 아이들이 먼저 어디론가 사라져 버리고 난 그만 거울 벽 안에 홀로 갇혀버렸다. 당황한 기색이 역력한 또 다른 내가 나를 사방으로 둘러싸고 있었다. 열심히 손을 더듬어 한 발씩 나아갔지만, 어느새 내가 출구를 못 찾고 비슷한 구역에서 맴돌고 있단 생각이 들었다. 그러자 갑자기 꿈속에서처럼 숨이 차오르기 시작했다.

나에게 문은 공간과 공간을 막고 있는 벽이자 공간과 공간을 이어주는 통로였다. 그리고 새로운 세계로 안내하는 길이며 세상과의 단절로 나를 가두는 도구이기도 했다. 문 하나를 여닫는 행위는 언제나 내게 새로운 도전이며 삶의 문제였다. 그래서 난 항상 그 문 앞에 서서 물었다. 이 문 너머엔 내가 감당할 수 있는 과제가 있는지, 그로 인해 도출된 결과는 삶의 정답일지. 하지만 누구에게나 공평한 기회를 제공하는 그 문은 언제나 답이 없었다.

그렇게 돌고 돌아 겨우 빠져나온 문은 출구가 아닌 입구였다. 먼저 나와 있던 아이들은 내가 잘못 나왔다며 다시 들어가라 손짓했지만 난 서둘러 계단을 내려와 버렸다. 과제는 끝났고, 도출된 결과는 오답이었다. 하지만 어쨌든 밖으로 나오지 않았는가. 난 '거울의 방' 밖에 서서 나 자신에게 반문했다. 그래서 너의 삶은 오답이었냐고.

그제야 내가 꿈속에서 간과했던 것을 발견했다. 그 방은 애초에 한 개의 문을 가지고 있었다는 것. 입구와 출구는 하나였다. 들어온 문으로 다시 열고 나가면 되는 것, 입구는 출구가 되고 출구는 입구가 되는 것. 그 생각 밑에 애초에 없던 문을 깊이 묻어 버렸다. 그러고 나니 이제 좀 숨통이 트이는 것 같았다.

가끔 그때 묻어버린 그 문에 대해 아직도 답을 묻는다. 내 안에 묻은 것이 문門인지 아니면 문에 대한 문問인지 혹은 그저 이 문文을 위해 억지로 끼워 맞춘 문들인지 아직도 잘 모르겠다.

싸이코 드라마

불이 꺼진다. 렘브란트의 그림처럼 무대 한가운데에만 조명이 켜진다. 거기엔 투박한 나무 의자 하나가 덩그러니 놓여 있다. 이 극을 연출하게 될 진행자가 무대 위로 오른다. 관객석을 둘러보니 나를 뺀 모든 이가 환자복을 입고 있다.

평소 연극을 좋아해서 소극장을 많이 찾는 편이지만 싸이코 드라마는 이번이 처음이다. 더 정확히 말하자면 그것에 대해 아는 바가 없다. 그저 수업의 일환이라고 생각한다. 이제 이곳에선 무슨 일이 일어날지 모른다. 살짝 긴장되는지 허리가 곧게 뻗는다. 심지어 싸이코라는 단어와 함께 떠오른 히치콕의 영화와 정신과 환자들 속에 앉아 있는 이 황당한 상황에 뒷머리가 찌르르하다.

진행자가 환자의 이름을 부른다. 30대 정도로 보이는 여자가 자리에서 일어나 무대 위로 오른다. 그녀는 관심 없다는 표정으로 바닥을 내려다본다. 오늘은 엄마를 만나볼 거예요. 이미 진행자는 모든 걸 준비해 온 듯 엄마 역할을 할 배우를 무대에 세운다. 엄마는 언제 돌아가셨죠? 제가 아주 어렸을 때요. 그렇군요. 옆을 보세요. 여기 엄마가 와 계세요. 하고 싶었던 말이 있으면 해도 괜찮아요. 그녀는 배우가 선 쪽으로 얼굴을 돌리지도 않고, 잠시 생각에 잠긴다.

과제를 위해 나도 미리 그녀의 차트를 모두 훑어보고 왔다. 그녀는 어린 딸을 가진 조현병 환자였다. 그런데 자꾸 딸을 보면 분노가 인다고 했다. 특이점이라면 어릴 때 엄마를 잃었다는 것. 결국 프로이트가 말한 무의식의 문제인 건가. 엄마의 부재가 정신적 충격으로 이어져 육체와 정신의 병이 된 걸까. 그 이론이 맞는다면 그녀의 병은 모두 엄마 탓이다.

시간이 꽤 흘렀지만, 그녀는 아무 말도 하지 않는다. 진행자가 배우에게 대사를 던져준다. 배우는 감정을 담아 다시 여자에게 전한다. 엄마 왔어. 너 엄마한테 할 말 있으면 다 해 봐. 엄마가 다 들어줄게. 그러자 여자가 천천히 입을

뗀다. 아직은 주변을 의식하는지 아주 작은 목소리로, 어색하게 연기하는 신인 배우 같이. 엄마, 왜 그렇게 일찍 갔어? 진행자가 다시 배우에게 다음 대사를 던져준다. 미안해, 우리 딸. 엄마도 어쩔 수 없었어. 많이 아팠거든. 그 말을 듣자, 그녀에게 변화가 일어나기 시작한다. 장내가 어찌나 조용한지 그녀의 숨소리가 확성기를 댄 듯 크게 퍼져나간다.

언젠가 몇몇 사람과 자화상에 대해 이야기한 적이 있다. 처음엔 과연 나를 한 단어로 정의할 수 있느냐로 시작된 이야기가 점점 자신이 누구인지 스스로 정의할 수 있느냐 쪽으로 흘러갔다. 그중 몇 가지 근거들은 꽤 깊은 생각을 하게 만들었는데 먼저 우린 누구나 자기 자신을 스스로 볼 수 없다는 것이다. 그건 말 그대로 맨눈으로 볼 수 없다는 뜻이다. 나를 봤다고 하는 말에는 사실 어폐가 있다. 왜냐하면 내 눈을 빼서 직접 나를 보게 해 줄 순 없기 때문이다.

그렇다면 내가 알고 있는 내 모습은 과연 진짜가 맞는 걸까. 정확히 말하자면 아니다. 거울, 물, 유리를 통해 반사된 상을 봤을 수도 있고, 비교 대상을 통해 오랜 시간 상상 속에서 만들어지기도 한다. 그래서 사람은 대단한 철학자가 아니더라도 나는 누구인가, 라는 질문을 평생 던지며 살아가는 건지도 모른다.

드디어 그녀가 속내를 드러내기 시작한다. 내가 엄마 없이 사느라 얼마나 힘들었는지 알아? 그녀의 말속엔 원망이 섞여 있다. 갑자기 분위기가 엄숙해진다. 관객들의 눈동자가 모두 그녀의 입술에 모인다.

이젠 역할을 바꿔 딸이 엄마로, 엄마가 딸로 분分해 극을 이끌어갈 차례다. 엄마 역할을 했던 배우는 그녀가 했던 말을 똑같이 전한다. 엄마, 왜 그렇게 일찍 갔어? 내가 엄마 없이 사느라 얼마나 힘들었는지 알아? 그녀는 엄마가 되어 어른이 된 자신을 보고 있다. 나를 객관적으로 보는 시간. 진행자는 어떠한 말도 가르쳐 주지 않고 그녀 스스로 다음 이야기를 이끌어 가길 기다리고 있다. 배우가 더 격정적으로 그녀의 마음을 부추긴다. 엄마 없이 내가 얼마나 힘들게 살았는지 아냐고! 배우의 목소리가 소극장에 쩌렁쩌렁 울린다. 그제야 그녀가 입을 연다. 미안, 정말 미안해. 우리 딸, 고생 많았지? 엄마도 그러고 싶지 않았어. 그런데 너무 아팠거든. 그래서 먼저 떠날 수밖에 없었어. 엄만 그게 얼마나 슬펐는지 몰라. 그녀의 목소리가 점점 더 먹먹해져 간다.

제 입으로 전하는 엄마의 마음이 아팠는지 그녀의 큰 눈에 눈물이 차오른다. 수십 년이 지나 한 아이의 엄마가 되어서야 겨우 알게 된, 돌아가신 엄마의 진심. 실재하지 않는 엄마와 화해하는 건 불가능하다. 하지만 원망에 갇혀 살던 자신을 몇 걸음 떨어져 나와 바라보니 그동안 보지 못했던 것들이 보였던 걸까. 일찍 돌아가신 엄마를 원망하다가 결국 자기 딸도 사랑하지 못하는 엄마가 된 건 아닐는지.

다시 바뀐 역할. 그녀는 자기 자신으로 돌아와 의자에 앉아 있다. 진짜 엄마도 아닌 배우 앞에서 장내가 떠나가도록 소리 내어 운다. 그녀는 마치 엄마 영정 앞에 앉은 어린아이와 같다. 그런 그녀를 오늘 하루 그녀의 엄마가 되어줬던 배우가 꼭 안아준다.

휴대전화로 내 얼굴을 찍어 좌우를 바꿔본다. 그러면 정말 낯설고 묘한 기분이 든다. 그냥 좌우만 바꿨을 뿐인데 완전히 다른 사람 같다. 어떻게 생각해 보면 그게 실제 내 모습과 더 가깝다. 거울을 볼 땐 좌우가 바뀐 모습을 보기 때문이다. 카메라 각도에 따라 내 얼굴이 동그래졌다가 뾰족해지기도 한다. 그래서 예쁘게 찍히면 저장하고, 마음에 안 들면 삭제해 버린다. 그건 자기가 원하는, 스스로 이렇다고 생각하는 자기 모습을 그리는 걸지도 모른다.

그런 점에서 나를 그려야 하는 자화상은 참 독특한 그림이다. 다른 사람이 아닌, 내가 정의한 나이기 때문이다. 그렇다면 내 자화상은 어떤 모습일까. 혹, 사람이나 환경이 준 상처에 반사되어 어그러져 있진 않은지. 아니면 과도한 자기애로 뭉쳐져 실제보다 더 높은 콧대를 그려 넣은 건 아닌지.

그녀의 자화상에 엑스 표가 쳐진다. 그리고 새 캔버스를 꺼낸다. 새로 그려질 자화상에선 그녀가 환자복을 입고 있지 않았으면 좋겠다.

개 같은 날

⋮

아버지의 눈동자가 자꾸 벽시계를 살핀다. 발코니로 들어온 긴 그림자가 거실을 다 지나갈 무렵, 드디어 9시 시보가 울린다. 여러분, 안녕하십니까? KBS 9시 뉴스입니다. 앵커의 첫마디가 떨어지자마자 아버지께서는 갑자기 욕실로 들어가 분노의 양치질을 시작하신다. 맥락도, 논리도 없는 이야기 같지만, 우리 집에선 매일 밤 9시마다 볼 수 있던 광경이었다.

이유가 궁금했다. 아버지께서는 분명 9시가 되길 기다리고 계셨다. 양치질하실 시간도 충분했다. 그런데 왜, 꼭 뉴스가 시작되면 양치질하러 가시는 건지, 추리 소설의 결말을 쫓는 독자처럼 잔뜩 몸을 웅크린 채 아버지의 다음 행동에 더 집중했다.

양치질을 마치신 아버지께서는 소파 끝자리에 가 앉으셨다. 그 자리는 아버지의 지정석이었다. 이제 뉴스를 보실 준비를 다 마친 셈이었다. 아, 하나 빠뜨린 게 있다. 우리 집에서 기르던 몰티즈 한 마리가 쪼르르 달려와 아버지의 무릎 위에 앉는 것. 그 자리는 녀석의 지정석이었다. 뉴스를 보시던 아버지께서 중얼거리셨다. 에휴, 개 같은 세상. 아버지께선 녀석의 머리를 부드럽게 쓰다듬으셨다.

후에 알게 된, 아버지의 다소 해괴한 이 행동의 이유는 바로 듣지 않을 자유에 있었다. 지금도 그렇지만 9시 뉴스는 시작하자마자 헤드라인 뉴스를 빠르게 훑고 나서 정치 뉴스로 넘어간다. 그다음에 경제, 사회, 국제, 문화, 스포츠, 기상 뉴스 순으로 진행된다. 아버지께서는 정치 이야기만 들으면 머리가 아프다고 하셨다. 그래서 그것을 듣느니 차라리 양치질하러 욕실로 들어가 버리신 것이다. 그러고 돌아오시면 정치 뉴스는 끝나 있었다.

대한민국 국민들의 최고 안줏거리가 정치 이야기란 말이 있다. 사람들은 씹고 씹다가 흐물흐물해진 그것을 주머니 속에 잘 넣어두고, 시도 때도 없이 다시 꺼내어 또 씹는다. 고된 삶의 탓을 나라에 돌리는 것일지도. 어쨌거나 아버지께선 술을 들지도 못하시면서 수시로 그 안줏거리는 주머니에서 꺼내어 씹고 또 씹으셨다. 정치 뉴스를 늘 빼먹으면서도 도대체 어디서 그렇게 듣고 오시는 건지 그것 또한 미스터리였다.

술에 휘청이는 사람들은 한껏 꼬부라진 혀로 탄식의 말을 쏟아냈다. 개 같은 정치인들, 개 같은 세상, 개 같은 인생. 아, 정말 개 같은 날이네. 아버지의 입에서도 같은 말이 튀어나왔다. 그런데 그와 동시에 아버지께선 녀석을 쓰다듬으며 이런 말도 내뱉으셨다. 아이고, 우리 강아지 참 예쁘다.

마당 넓은 집에 살게 되자 남편과 난 개를 한 마리 입양하기로 했다. 아이들이 원하기도 했지만, 무엇보다 우리 부부가 더 원했던 일이었다. 한국에서 놀러 오는 시누이 편에 4개월 된 골든레트리버 한 마리를 데려왔다. 옅은 금색 털과 처진 눈꼬리, 밤톨같이 박힌 까만 코까지. 너무 인형같이 예뻐서 아이들은 자기 품에 안고 온종일 바닥에 내려놓으려 하지도 않았다.

개는 훈련 시키는 대로 앉아, 엎드려, 돌아, 기다려, 점프 등 다양한 명령어를 배우고, 익혔다. 가끔 사고를 쳐 혼날 때도 있었지만 눈치가 빨라 금세 알아듣고 행동을 수정했다. 우리 개가 천재견일지도 모른다며 아이들 때도 안 하던 자식 자랑에 점점 팔불출이 되어갔다. 산책하러 나가거나 목욕시키고 긴 털을 다 말리려면 고생스럽기도 했지만,

개가 부리는 애교에 날마다 집에 웃음이 끊이질 않았다. 정말 개 같은 날의 연속이었다. 개 같이 예쁘고 행복한, 선물 같은 나날들이었다.

현대인들은 이런 개를 반려견이라고 부른다. 반려란 예전 같으면 배우자에게나 쓸 수 있던 표현이었다. 이런 기현상은 그만큼 개가 사람과 함께 살며 외로움을 달래주고, 기쁨과 행복 그리고 맹목적 사랑을 쏟아부어 주는 존재가 되었다는 뜻이기도 하다. 개보다 사람이 낫다고 할만한 근거는 무엇일까. 단지 창조주가 만드신 만물의 영장이라는 거저 주어진 근거 말고 우리 스스로 동의할 만한 근거 말이다.

요즘은 나 역시 아버지처럼 보지 않는 뉴스가 생겼다. 사회 뉴스다. 자기 자식을 방치하고 굶겨 죽인 엄마, 어린 딸을 지속해서 강간해 온 아버지, 같은 반 친구를 집단 린치한 어린 학생들. 뭐 하나 사람이 저지를만한 일들은 아닌 듯하다. 아무래도 아버지처럼 뉴스를 보는 대신 분노의 양치질이나 해야겠다.

개가 뭘 잘못 먹었는지 자꾸 설사한다. 입양해 온 집에 물어보니 하루를 꼬박 굶기란다. 개가 빈 밥그릇을 한 번 보고, 내 얼굴을 한 번 보고 고개를 갸웃거린다. 똑바로 앉아 한참 기다려도 본다. 그래도 밥그릇엔 사료 한 톨 채워지지 않는다. 기대감에 쫑긋 섰던 귀가 이내 축 처진다. 그리고 거실 구석으로 가 몸을 둥글게 말고 눈을 감는다. 녀석의 마음속 목소리가 들리는 듯하다.

아, 정말 사람 같은 날이네.

심장이 걸린 하루

빨간 심장들이 교실 입구에 대롱대롱 매달려있다. 1년 중 가장 많은 심장을 볼 수 있는 날. 이날엔 어딜 가나 이렇게 심장들로 가득하다. 카드에도 가게에도 길가에도 온통 심장이 내걸려 있다.

사실 인간의 장기가 특정 상징물로 지정된 건 참으로 신기한 일이다. 폐, 간, 신장 등을 모양으로 만든다면 과연 이만큼의 인기를 누릴 수 있었을까. 간혹 그 모양을 가만히 보고 있노라면 서로 몸이 붙은 샴쌍둥이 같기도 하고, 잘 익은 복숭아를 보는 것 같기도 하다.

아들이 심장병 환아를 돕기 위한 기부 행사 안내지를 내 앞에 내밀었다. 그들은 일부러 이때를 기부 행사에 가장 적

합한 시기로 잡은 것 같았다. 심장들이 사방에 걸리는 날, 밸런타인데이. 자세히 들여다보니 기부금액에 따라 다양한 기념품도 얻을 수 있었다. 심장 모양에 얼굴을 그려 넣은 캐릭터가 깜찍하게 웃고 있었다. 그런데 갑자기 17년 전, 병원에서 만났던 한 아이가 생각났다.

소아청소년과 병동, 구석 큰 침대에 아주 작은 아이가 누워 있었다. 신생아실에 있어야 할 것 같은 크기의 아이는 살았는지, 죽었는지를 분간할 수 없을 정도로 움직임이 없었다. 조용히 다가가 아이를 두르고 있던 몇 겹의 천을 열고 왼쪽 가슴에 청진기 뒷면을 가져다 댔다. 심음이 불규칙하게 콩닥거렸다. 주위를 둘러봤다. 아이의 외할머니가 병실 구석에 몸을 둥글게 말고 누워 있었다. 침대 발밑엔 아이의 병명과 이름이 적힌 표가 걸려있었다. 그런데 그것을 확인한 내 눈이 동그래졌다. 심실중격 결손증. 좌심실과 우심실 사이 벽에 구멍이 났단 뜻이다. 남들처럼 그저 빈손으로 태어났으면 좋았을걸. 어쩌자고 어른도 견디기 힘든 심장병을 가지고 태어났을까. 아이를 처연하게 바라보다가 차가운 맨몸을 천으로 다시 감싸주었다.

사실 아이가 가지고 태어난 건 그뿐만이 아니었다. 다운증후군. 그것이 아이의 원래 병명이고, 심장병은 그로 인해 따라오는 병 중 하나인 셈이었다. 무려 40퍼센트의 다운증후군 아이들이 선천적 심장병을 가지고 태어난다고 한다.

아이의 부모는 무지했고, 몇 개월이 지나 소아청소년과에 정기검진을 받으러 가서야 이 사실을 알게 됐다. 그리고 아이 아빠와 시댁 식구들은 그 죄를 모두 아이 엄마에게 물었다. 엄마의 오빠가 장애를 가졌단 이유에서였다. 아이뿐 아니라 엄마도 식구들에게 내쳐졌다. 그래서 우울증으로 앓아누운 엄마 대신 외할머니가 아이 곁을 지키고 있는 것이었다.

아이 심장에 난 구멍은 과연 하나뿐일까. 한창 온 식구의 관심 속에서 사랑을 받아야 할 때 저렇게 차가운 침대에 홀로 누워 있어야 하는 처지라니. 그 모습이 처연하다 못해 원망스러웠다. 평생 뚫린 마음으로 살아가야 할지도 모를 아이의 곁에 가족 혹은 다른 누구라도 온기를 나누어 주어야 하지 않을까. 안내지를 들었던 내 손이 힘없이 떨어져 내렸다.

자동으로 풍선을 불어주는 기계에 빨간 심장 하나를 꽂았다. 그러자 죽은 듯 처져있던 작은 심장이 순식간에 바람으로 가득 차올랐다. 그 모습에 아이들이 신나서 비명을 질렀다. 핑크 심장도 크게 부풀어 올랐다. 그렇게 여러 개의 심장이 생명을 얻어 두근댔다. 그것들은 모두 작은 구멍 하나 없이 실하게 들어차 있었다.

오늘은 교실을 들어가는 입구에도 천장에도 벽에도 심장이 걸렸다. 온 세상에 사랑을 전하는 마음마다 두근두근 심장이 뛴다.

합작의 습관

• • •

근래에 보기 드문, 훌륭한 합작품이었다. 국립창극단의 〈패왕별희〉. 얼핏 제목만 들으면 중국의 전통극인 경극으로 착각할 수 있지만, 이 작품은 경극과 창극이 합쳐진 새로운 형태의 예술이다. 재빠르게 눈으로 출연 배우들의 이름부터 훑었다. 그런데 여주인공인 우희 역을 맡은 배우의 얼굴이 낯익었다. 그는 내가 평소 눈여겨보았던 국악인이었다. 경극의 특성상 남자 배우가 여장하고 무대에 서기 때문에 난 그의 새로운 변신을 서둘러 보고 싶어졌다. 그래서였을까. 내 마음은 벌써 빈 관객석 안으로 들어섰다.

예전에 한창 세계 각국을 대표하는 전통극을 찾아 기웃거릴 때, 유일하게 포기한 게 경극이었다. 중국인들도 알아듣기 힘들다는 경극 언어에서 이미 한쪽 무릎을 꿇었고, 극을 더 아름답게 포장해줄 배경, 무대 장치가 없다는 점에서 나머지 무릎마저 꿇어버렸다. 그러나 이번엔 달랐다. 경극이 창극의 옷을 입었다. 노래 또한 우리에게 익숙한 창으로 들으니 대사가 귀에 쏙쏙 잘 들어올 뿐 아니라 어깨까지 흥겹게 들썩였다. 경극의 화려하고 절도 있는 동작과 국립창극단의 세련된 무대 장치, 노련한 배우들의 연기까지 합쳐져 극의 몰입도를 더했다.

인간이 사회적 존재라는 건 곧 협력하는 특성을 보였다는 뜻이다. 홀로 일하기보단 함께 일하기를 즐겨 하고, 힘을 합쳤을 때 혼자서는 해결할 수 없었던 일을 해낼 수 있다는 걸 일찍이 깨달았기 때문이다. 그래서인지 주위를 둘러보면 꽤 많은 합작을 볼 수 있다. 자동차 회사와 자율 주행 솔루션 회사가 미래형 자동차를 생산하고, 애니메이션 영화사와 패션 브랜드가 한정판 상품들을 만들어내며 게임 회사와 드라마 제작사가 드라마 이야기를 연결한 게임을 탄생시킨다. 그뿐만 아니라 국가와 국가 간에도 기술, 스포츠, 경영, 문화, 예술 합작이 끊임없이 이루어진다. 이로써 외교에서도 좋은 관계의 성과를 내기도 한다. 둘의 장점이 합쳐지니 결과물 또한 참신하고 풍부해진다. 시너지 효과의 극대화가 이루어진 셈이다.

인간의 역사는 이런 과정을 통해 서로의 몸을 붙여가면서 발전해 왔다. 외부와의 교류를 빨리 시작한 나라들은 자신들의 전통 위에 새로운 방식과 시도를 덧붙여 또 다른 형태의 전통으로 변화 시켜 나갔다. 가부키의 화려한 무대 장치 기술은 당시 일본인들의 기술이 아니었다. 서역에서 들여온 기술이었다. 그들은 가부키에 이 기술을 접목하면서 한층 발전된 극을 재창조해냈다. 전기가 들어오지 않던 그 옛날에도 무대 아래에서 직접 사람이 돌리는 동력을 이용하여 무대가 돌아가고, 뒤집어지거나 다시 나타나기도 했다. 그것은 지금 봐도 매우 신기하고 놀랍다.

합작의 결과가 늘 아름답고, 훌륭한 것만은 아니다. 김일성과 스탈린, 마오쩌둥의 합작은 우리 민족의 허리를 끊는 아픔을 남겼고, 히틀러와 하인리히의 합작은 600만 명의 유대인들을 살육 공장으로 밀어 넣었다. 가만히 생각해 보면 인류 최초의 합작품은 죄다. 그러니 어쩌면 합작의 기원은 악에 더 가까울지도 모르겠다. 그리고 그로 인해 지금도 이어지는 남자와 여자의 합작품은 우리들이다. 지구상 현존하는 70억 인구가 그 결과물이다. 우리 안엔 아직도 그 합작의 습관이 유전되어 오고 있다. 몸에 새겨 영원히 지워지지 않을 문신처럼 우리의 유전자에 깊이 박혀 있다. 그리고 그 습관은 우리로 인하여 태어날 모든 미래 인류에게도 그러할 것이다.

더 과거로 가면 어떨까. 되도록 더 오래된 과거로 가 보자. 인류가 존재하지 않았던 미지의 시간까지. 그곳엔 또 하나의 합작이 이루어지고 있었다. 성경의 첫 구절은 '태초에 하나님이 천지를 창조하셨다.'이다. 여기서 하나님은 히브리어로 단수형이 아닌 복수형, 엘로힘으로 표기된다. 창조는 삼위일체 하나님의 합작이다. 인간의 합작품은 죄였지만, 하나님의 합작품은 아름다운 하늘과 땅, 꽃과 나무, 각종 동물과 해, 달, 별들 그리고 우리 인간이었다. 합작의 근원이 여기에 있기에 우리의 인생이 비극에서 해피엔딩을 기대할 수 있는 게 아닐는지.

우희는 낙심하는 항우를 위해 검무를 춘다. 둘은 이미 한나라 군대에 몇 겹으로 포위된 지 오래다. 우희의 칼은 모였다가 흩어지고, 흩어졌다가 다시 모인다. 그 둘이 함께 만들어온 수많은 합작품, 전쟁에서의 승리도 사랑도 이젠 운명을 다해가는 듯하다. 사면에서 초나라 노래가 들려온다. 자신들의 본향 노래가 사방에 울려 퍼진다. 죽음이 가까워지는 걸 예감하는 순간이다. 그리고 우희는 사랑을 위해 자신의 목을 벤다. 항우 또한 결국 오강을 건너지 못하고 그녀의 뒤를 따른다. 비록 항우와 우희의 사랑, 초나라의 운명은 비극으로 끝났지만, 무대 위의 배우들에겐 큰 박

수가 쏟아진다. 우리의 전통을 오롯이 살려내면서도 경극과의 합작이라는 새로운 시도와 도전을 잘 넘어섰다. 이번 합작은 완벽했다.

컴퓨터를 켜고 내 안에 숨어있던 합작의 습관을 끄집어낸다. 그리고 오늘은 또 어떤 새로운 소재와 함께 작업해 볼까 기대하며 자판을 두드린다. 합작의 완벽한 성공을 기대하면서.

마왕의 시점

⋮

시애틀에 며칠째 겨울 폭풍이 몰아치고 있다. 이런 날엔 그에 걸맞은 곡을 들어줘야 한다. 한편의 이야기를 듣는 데에 이만한 배경과 효과음은 필수다. 일정한 속도로 건반을 연타하는 피아니스트의 손가락이 말달리듯 한다. 그리고 마치 이 순간을 기다리기라도 한 것처럼 바깥에선 마왕의 손톱 끝에 집 두 채만 한 나무들의 목과 팔이 우지끈 소리를 내며 단숨에 꺾여 나간다. 창문은 그의 차가운 숨결에 부들부들 떨리고, 집과 집 사이로 마왕은 거칠게 몸을 부닥치며 자신의 존재를 유감없이 드러낸다. 이런 날의 주인공은 자신이라는 듯 검은 망토로 하늘을 덮으며 그 큰 눈을 부릅뜨고 삼킬 자를 찾고 있다. 피아노 위를 쉬지 않고 달리던 말발굽 소리가 어느새 우리 집 지붕 위로 옮겨졌다.

이건 노래도 시도 아니란 생각이 든다. 짧지만 강렬한 극이다. 노래하는 바리톤은 총 네 가지의 역을 혼자 감당하며 4분 동안 연기한다. 처음엔 이야기를 소개하는 화자가 되었다가 다음엔 죽음의 공포에 떠는 아이가 되었다가 아이를 살리기 위해 급히 말을 달리는 아버지가 되기도 하고, 종국엔 아이의 목숨을 앗아가는 마왕으로 변신한다.

네 가지의 역은 각자의 시점을 가지고 있다. 화자는 전지적 작가 시점으로 이 극을 바라본다. 차분한 목소리로 감정을 넣지 않은 채 독자 혹은 청자에게 이 상황을 설명한다. 아이는 이 극의 주인공이다. 이야기는 1인칭 주인공 시점으로 바뀐다. 그는 고열로 죽어가며 마왕을 보게 되고 그의 아버지에게 이를 호소하며 날카롭게 부르짖는다. 아버지는 주인공인 아들을 품에 안고 그의 죽음을 직접적으로 바라보고 있다. 극 안에서 자신의 역할을 갖고 주인공인 아들에게 영향을 미치고 있지만, 주인공은 아니다. 1인칭 관찰자 시점이다. 마지막으로 아이를 죽음으로 이끌어 가기 위해 부자의 주위를 배회하는 마왕이 있다. 마왕 스스로 그들을 보고 '너는', '너희는'이라고 칭하며 이야기를 이끌어 간다면 2인칭 시점이라는 독특한 시점도 가능할 것이다.

소설 속에 등장하는 한 인물이 전지적인 경우, 시점은 뭐라고 해야 하나요? 누군가에게 질문을 받고 답장을 보냈다. 이야기 속의 인물이 다른 이의 마음과 생각을 다 읽어낼 수 있는 게 가능할까요? 만약, 화자가 전지전능한 신이거나 초능력자라면 가능할지도 모르겠군요.

사람이 다른 사람의 생각과 마음을 온전히 알고 이해할 수 있는 시점, 그렇게 바라보는 시각. 굳이 이름을 붙이자면 전지적 1인칭 시점인데 난 그것이 역지사지와 많이 닮았다고 생각한다. 우린 모두 인생이라는 길다면 길고, 짧다면 짧은 한 편의 극 속을 살아가며 다양한 시점을 경험한다. 주로 내 인생의 이야기를 이끌어가는 주체, 주인공의 시점인 1인칭 주인공 시점으로 살아가지만, 때론 내 이야기에 등장하는 다른 이들을 곁에서 바라보는 2인칭이나 1인칭 관찰자 시점으로 살아가기도 하고, 한 발짝 떨어져 방관자의 시점인 3인칭 관찰자 시점으로 살아가기도 한다. 그뿐만 아니라 라떼 이즈 호올스(나 때는 말이야),를 연발하며 이 세상을 다 아는 것처럼 전지적 작가 시점으로 살아갈 때도 있다.

과연 전지적 1인칭 시점은 신이나 초능력자에게만 가능한 것일까. 물론 완벽히 다른 이의 상황과 마음, 생각을 나 자신의 것처럼 안다는 건 어렵겠지만 보다 노력하면 약간의 마음에라도 닿지 않을까 생각해 본다.

지붕 위에서 말발굽 소리가 천천히 잦아들다가 이내 멈췄다. 결국 아이를 손에 넣은 마왕의 승리다. 그는 무대에서 사라지려다가 내 쪽을 돌아보며 말한다. 내 입장도 생각해 주렴. 그게 나의 일인 걸. 책임을 비켜 가려는 그의 목소리는 간드러지다 못해 설탕이 본체를 물속에 녹여 숨겨버리는 듯하다. 그런 그가 세상과 사람을 바라보는 시점은 뭐라고 불러야 할까. 고민하던 내 손가락이 자판 위에서 다시 말달리고 있다.

불편한 노래

코네티컷 윈저 지역의 A사 창고 건축 현장에서 여러 개의 올가미가 발견됐다. 당연히 공사는 중단됐다. 19세기 말에서 20세기 초에 사법 절차 없이 흑인들을 목매달았을 때와 같은 형태의 고리형 밧줄이란 이유에서였다. 플로이드 사건과 더불어 코로나19 사태로 인한 아시안 혐오 범죄가 이어지는 요즘, 사안이 예민해서인지 A사 측은 인종차별과 혐오는 절대 용인하지 않겠다며 강한 어조로 입장을 밝혔다.

동네를 걷다가 달콤한 향에 고개를 들었다. 목련이었다. 하얗다 못해 고귀해 보이는 꽃의 얼굴은 혹여 고개가 땅으로 떨어질까 싶어 하늘을 향해 곧게 쳐올려져 있었다. 미카도 실크를 한장 한장 겹쳐 놓은 듯 꽃잎은 빛을 받아 우아한 광택을 뿜어냈다. 이렇게 아름다운데, 이리도 향기로운데 목련을 보고 있는 내 마음 한구석이 먼 기억 속에서 축축한 감정으로 젖어 들었다.

포플러나무에 검은 열매가 달려 있다. 향기로운 매그놀리아(목련) 향 대신 탄내가 나는 이상하고도 슬픈 열매가 남부의 더운 바람에 천천히 흔들리다가 따뜻한 햇볕에 서서히 썩어간다.

빌리 홀리데이의 노래, 〈이상한 열매〉 가사 내용이다. 그녀의 호소력 짙은 목소리를 빌어 전해진 인간의 이기와 우월주의가 낳은 참상. 허무하게 거꾸러진 생명이 달린 포플러나무와 나무에 달려 태워진 흑인들 곁에서 기념사진을 찍고 있는, 피부색이 다른 어떤 인간의 유를 뭐라 부르면 좋을까. 그들은 그날, 자신들의 인간성도 이상한 열매와 함께 나무에 달았다.

아리스토텔레스는 '인간은 동물 이상이든가 동물 이하다.'라고 말했다. 백인들은 자신이 전자라 생각했고, 흑인들을 후자라 생각했다. 이렇듯 저급한 우월주의는 아리스토텔레스 시대에도 있었고, 지금 시대에도 여전히 인간의 속성 안에 몰래 숨어 비열하게 기생한다.

인간성(humanity, humanitas)이란 단어가 '매장하다(humanda)'에서 나온 건 우연이 아니다. 그것은 인간 고유 행위이기 때문이다.

인간 고유 행위는 코로나19 사태에서도 드러났다. 미국인들이 화장지부터 허겁지겁 사들인 원인이 인간다움 즉 인간성에서 나왔다고 했을 때 과연 그런가, 하고 피식 웃었다. 그러나 이 어처구니없어 보이는 주장엔 일면의 일리가 있다. 동물은 배변 후 닦는 행위를 하지 않기에 인간성을 한낱 화장지에서 찾는 것도 전혀 이상하지 않은 일이다. 이것이 모든 사람의 보편적 동감이라는 인간성의 뜻과 만나는 지점이다.

때론 그 보편적 동감이란 게 오용되기도 한다. 인간의 이기가 작용할 때, 우리는 자기를 유리한 편에 세워 상대적으로 약한 쪽을 향해 불의의 힘을 가하게 된다. 결국 인간성마저도 유리하게 이용하는 것이 인간이란 뜻이다. 그것을 분별하는 선은 피부색, 성별, 국가, 이념 등으로 옷만 바꿔 입을 뿐 오랜 시간 동안 본체는 전혀 바뀌지 않았다. 이쯤 되면 그냥 이걸 포괄적인 인간성으로 받아들여야 하는 건 아닐까 하는 고민마저 든다. 하지만 그러자니 목련 향이 계속 내 속을 메스껍게 한다. 탄 내를 풍기기 때문이다. 불편하다.

포플러나무에 달았던 건 검게 변색한 인간성이다. 지나가는 이웃의 티셔츠 문구에 눈길이 간다. 아시안 혐오를 멈추세요. 이 문장을 다른 말로 바꿔 본다. 인간성을 회복하세요. 인간성을 나무에 달지 마세요. 인간성에 올가미를 씌우지 마세요. 그렇지 않으면 향기로워야 할 당신의 인간성은 메케한 냄새를 풍기며 더운 바람에 천천히 흔들리다가 따뜻한 햇볕에 서서히 썩어갈 것입니다.

빌리 홀리데이는 〈이상한 열매〉를 부를 때만큼은 기도하는 것처럼 오로지 가사와 자신의 감정에만 집중했다. 노래의 파급력은 대단했다. 애초에 루이스 앨런의 시에서 시작된 이 노래는 후에 릴리언 스미스의 소설로도 발표됐고, 지금도 일러스트레이터 수 코우의 목판화와 수많은 사람을 통해 고발 행위가 이어지고 있다. 한국의 유명 설치미술가인 양혜규 작가의 동명 작품 역시 인종차별을 고발한다. 하지만 그녀의 작품 속에서 코일 케이블에 달린 건 검은 몸뚱이가 아닌 화초들이다. 그건 세상에서 가장 슬픈 열매, 소중하고 아름다운 생명에 대한 추모의 표현이 아니었을까.

며칠 후 나간 산책길에서 그 목련을 다시 만났다. 봄바람에 떨어진 하얀 꽃잎들이 누렇게 변색해 지저분하게 널려 있었다. 하늘을 향해 쳐들었던 고고한 얼굴이 이젠 땅에 떨어져 사람들 발에 짓밟히는 신세가 됐다. 떨어질 줄 모르고 고개를 쳐들었던 것에 대한 대가는 매우 혹독했다.

이 이야기는 아직도 마침표를 찍지 못하고 우리 주변을 어지럽게 서성인다. 단지 미국에 오욕을 남긴 현대 역사가 아니다. 인류 문명이 지지 않는 한, 우리는 어쩌면 인간성에 대한 질문을 끊임없이 던져야 할지도 모른다. 인간이 동물보다 나은 이유를 찾는 것, 경계境界를 경계警戒하는 것, 진짜 봐야 할 것을 보고 들어야 할 것을 듣는 것. 그래서 인간다워지는 것. 그것이야말로 인류가 풀어야 할 마지막 숙제가 아닐까.

듣고 싶지 않은가, 외면하고 싶은가, 여전히 속이 뒤집힐 정도로 불편한가. 하지만 불편한 이야기는 불편하게 들어야 한다. 반드시 그래야만 한다.

그냥 그럴 때가 있다

어느 날 갑자기 낯선 시간과 공간 안에서 낯설지 않은 기류를 느낄 때가 있다. 오랫동안 잊고 있던 노스탤지어 같은 그것과 마주할 때면 발을 바닥에 딛지 않고 걷는 것처럼 시공간은 아직 내가 이해할 수 없는 경지의 공상과학이 된다. 질문들이 멋대로 유영하지만 손을 뻗어 잡을 수 없다. 공포와 망설임이 동의어가 되는 순간, 거울 속 나는 타인이 된다.

글을 쓰려고 창을 열었다가 그냥 닫을까, 하고 고민할 때가 있다. 내 생각을 칸칸이 가둘 네모 가득한 원고지도, 펜이 지날 때마다 날벌레의 날개 비비는 소리가 나는 흰 종이도 아닌 디지털 종이가 날 마주한다. 노려보는 눈 따윈 없다. 재촉하는 목소리도 없다. 등 떠미는 손 역시 없다. 하지만 왠지 불편하고 초조하다.

안 써지는 날도 있지, 어떻게 항상 잘 써지겠어? 커서를 오른쪽 상단의 엑스 표시에 갖다 댄다. 하지만 여전히 누르기를 망설인다. 마치 책임져야 할 핏덩이를 남의 집 대문 앞에 버려두고 돌아서는 발걸음 같다. 그래서 그것을 다시 등에 들쳐 업고 마른 바닥을 쓸며 왔다 갔다 한다. 아까보다 더 불편해졌다.

앞부분 몇 줄만 쓰고 닫아둔 글들이 폴더 안에 열 맞춰 서 있다. 모두 죄수의 머그샷처럼 자기 명패를 가슴에 들고 어색한 표정을 짓는다. 그래서 그 표정만큼이나 미지근한 물 한 모금을 삼키며 자판 위에 긴장한 손가락을 얹는다. 어느 날 갑자기,로 시작하는 건 진부할까? 한 줄 만에 또 등 뒤를 돌아본다. 그래서 마지막은 그 후로 행복하게 잘 살았답니다,로 끝낼 거니? 하고 비아냥거리기도 한다. 이 촌스러운 작업의 반복은 근본적으로 원래의 내 모습과 닮았다. 이제야 해답에 좀 더 가까워졌다.

소심한 사람들의 특징이다. 무언가 사이에 선을 긋는 일, 이쪽과 저쪽을 구분하는 일, 가야 할 방향을 정하는 일은 여전히 어렵다. 어렸을 때도 다 큰 어른이 되어서도, 아니 오히려 나이를 먹고 나니 더 어렵다. 책임의 무게 탓이다. 그래서였을까. 누가 내게 의견을 물으면 자꾸 어…, 그게…, 하며 무의미한 중간 음을 냈다. 손발이 차가워지고, 얼굴은 금세 목까지 벌게졌다.

인생은 크고 작은 선택들이 이어진 시간이라고 한다. 원하든, 원치 않든 끊임없이 선택하며 살아야 한다. 아침에 울리는 알람 소리에 바로 일어날지, 끄고 좀 더 이불 속에 몸을 파묻을지 선택해야 하고, 아침 식사는 한국식으로 할지, 미국식으로 할지 혹은 건너뛸지 선택해야 한다. 그뿐 아니다. 오늘은 무슨 옷을 입을지, 무슨 신발을 신을지, 한 칸 남은 기름 탱크를 보며 나갈 때 기름을 바로 넣을지, 돌아오며 넣을지조차 선택해야 한다.

글이란 건 이보다 한 단계 더 어려운 선택이다. 글쓰기를 시작했을 때, 내가 가장 어려워했던 질문은 '그래서 작가가 이 글을 통해서 하고자 하는 말은 무엇인가요?', '이 글의 주제가 뭐죠?'였다. 난 다시 어…, 그게…, 하며 무의미한 중간 음을 냈다. 졸지에 난 주제도 모르는 인간이 되어버렸다. 글을 쓰기 위해선 어떤 선택이 늘 필요했고, 그 선택을 바깥으로 끄집어낼 나만의 목소리가 필요했다. 하지만 내 머릿속은 항상 동전 몇 개조차 넣지 않은 가난한 주머니 같았다. 갈피를 못 잡을 정도로 난감하고, 초라했다.

글을 쓰기 위해선 반드시 소재와 주제, 단어와 문장 표현

등을 선택해야만 한다. 그 선택들이 이어져 한 편의 글로 완성된다. 그러니까 글 한 편이 인생 한 편과 같단 말도 맞는 말이다. 이 지리멸렬한 글 창을 닫느냐, 마느냐 같은 작업의 반복이 내게 주는 사소한 강박의 불편이다.

그냥 그럴 때가 있다. 그런데 사실, 그냥 그럴 때조차 시공간의 완벽한 논리를 갖는다. 우리가 모르고 지나칠 뿐이다. 아직 설명되지 않는, 이해되지 않는 무엇이기 때문이다. 그것을 우리는 신의 섭리, 운명 같은 말로 뭉뚱그려 넘어간다. 하지만 이건 굉장히 중요한 생각의 지점이다. 맹물도 저마다 다른 맛을 가진 것처럼 이 세상 모든 것에 그들의 색을 입히고, 의미를 부여하는 일이다.

어릴 적부터 내가 내었던 의미 없는 중간 음도 나름의 의미가 있지 않았을까. 어쩌면 그건 이쪽과 저쪽 모두를 선택한 것일 수도 있고, 모두 선택하지 않은 것일 수도 있다. 꼭 하나만 선택할 이유는 없으니까. 치마와 바지 사이의 고민은 치마바지 같은 또 다른 형태의 혼종을 만들어 내기도 하고, 삭발과 긴 머리 사이의 고민은 반삭이라는 새로운 유행을 탄생시키기도 하지 않던가. 어쩌면 내 기질에 포함된 결정장애도 내 생각을 딱딱한 틀에 가두지 않으려는 더 강한 선택이 아닐는지.

왜 그냥 그럴 때가 있지 않은가. 지금 선택하지 않기로 선택할 때. 그리고 좀 더 내 선택에 유예기간을 주고 싶을 때. 난 오늘도 단 몇 줄의 족적만을 남긴 채 글 창을 닫는다. 이젠 초조하지도, 불편하지도 않다. 그저 언젠가 쓰고 싶을 때 다시 꺼내어 쓰면 될 일이다. 그리고 매우 촌스럽고, 식상하겠지만 이 모든 선택의 끝은 이렇게 맺고 싶다.

그 후로 행복하게 잘 살았답니다.

박보라 수필집

나는 위험한 상상을 한다

인쇄 2021년 12월 22일
발행 2021년 12월 27일

지은이 박보라
발행인 서정환
펴낸곳 수필과비평사
주 소 서울시 종로구 삼일대로 32길 36, 301호(운현신화타워 빌딩)
전 화 (02)3675-5635, (063)275-4000 팩스 (063)274-3131
이메일 essay321@hanmail.net, sina321@hanmail.net
출판등록 제300-2013-133호
인쇄·제본 신아출판사

ISBN 979-11-5933-383-5 03810

값 13,000원

Printed in KOREA